THE NOTEBOOK LEADING YOU TO THE GREATEST SUCCESS

営業マンは手帳より100円ノートを持ちなさい！

後藤裕人 Hiroto Goto

はじめに

　営業ほどメンタルに左右される職種はないと、私は３０年間営業一筋にやってきて、いまだに感じます。
　どんなに商品知識をつけ、営業の技量がアップしても、モチベーションが上がらなければ売上数字を上げ続けることはできないからです。

　私は昔から、一粒飲めばやる気満々になる薬が発明されたとしたら、それこそノーベル賞間違いないなと本気で思っているくらい、高いモチベーションを保ち続けることの難しさを感じていました。

　ゆえに売上をアップさせる秘術は、ひとえにモチベーションの維持しかないと思っています。
　会社にあって、ダントツの売上を上げれば神様のように奉られ、低迷すれば人間として扱ってもらえないような、過酷な世界が営業ですね。

　しかし、だからこそ、営業は奥が深く、やりがいに満ち溢れ、会社を全面的に支える大事な仕事だと思えるのです。

「高い売上数字の維持」＝「高いモチベーションの維持」。
私がずっと考えてきた永遠のテーマです。

ところが、モチベーションほどやっかいなものはなく、なんとかして、自らの士気を鼓舞し、前を向かせ続ける技がないものか、もしあるなら絶対に会得したい。そんな思いが、私を自己管理術に傾倒させてくれたのだと思っています。

今から３０年前、私は経済的事情から大学の二部に入学しました。昼は働かねばならず、やっと決まった会社は幼児向けの教材フルコミッション（完全歩合給）営業会社でした。
　頑張れば人の何倍も給料がもらえると聞き、心は躍りました。しかし、一向に契約は取れず、ゼロ行進のまま、３ヶ月が経過しました。

「自分には営業は向いてないんだ。もう辞めよう」と決め、大学の先輩に相談したところ、強烈な叱咤激励を受けました。
「手帳を見せてみろ」
と先輩に言われ、差しだすと一喝されたのです。
「お前は自己管理がなっていない。まずは手帳の使い方を改善しなきゃダメだ」

私は当時、市販の薄い手帳を持ち歩いていましたが、書き込んでいたのはスケジュールのみ。もっともっと自分を徹底的に管理できる手法に変えなければと、この日を境に自分を管理する手帳の研究を開始しました。

　そのキーワードは３つありました。

> ① **明日やるべきことをすべて前日に列記する**
> 　　(TO　DO)
> ② **やるべきことに付随した項目を準備する**
> 　　(TO　ARRANGE)
> ③ **考えねばならない課題を列記する**
> 　　(TO　THINK)

　そこから試行錯誤が始まり、半年が過ぎたころです。オリジナルで編みだしたその名も『営業ノート』を駆使し、自己管理手法が少しずつ会得されていくに従い、営業成績は徐々に上がり、ついにトップ営業マンとなりました。その後、９年間で２億円の収入を得ることができたのです。

それ以後、3社で営業部長を務め、やるべき課題は増えていき、それに伴って『営業ノート』はさらに進化を遂げました。
　自社の社長や取引先の部長さんといった方々が、そんな『営業ノート』を見て、
「後藤さん、面白いノートを使っているね。私に教えてくれないかな」
とおっしゃってくださり、多くの人たちに無料で伝授（笑）してきました。
　そうした経験が役立ち、私は今、研修会社を立ち上げ、企業研修を行なっています。なかでも自己管理手法という研修プログラムは、お陰様で好評を博しています。

　私の手法は簡単です。市販の手帳ではなく１００円のノートを使用するだけのものです。１００円のノートが、自己管理の手法となり、モチベーション維持のツールとなるのです。
　この本を手にしたあなたが、この手法をマスターすれば、間違いなく「売れる営業マン」になることを確信しています。是非、お試しください。

　　　　　　　　　株式会社オーデコジャパン
　　　　　　　　　代表取締役　後藤裕人

Contents

THE NOTEBOOK LEADING YOU TO THE GREATEST SUCCESS

営業マンは手帳より
100円ノートを
持ちなさい！

はじめに　001

序章

手帳の使い方を変えれば、売上は上がる

売れる営業マンか、売れない営業マンか、
手帳を見ればすぐわかる　014

営業マンの手帳は、スケジュールを
書き込むだけのものじゃない　018

売上アップの第一歩は
『明日やるべきこと』を書きだすこと　022

手帳は、１００円ノートで充分！
高価な手帳が、売上をつくるのではない　026

第 1 章

売れない営業マン「7つの悪習慣」

030 だから、売れない！その①
「スケジュールしか書いていない」

036 だから、売れない！その②
「商談や会議に必要な準備事項を書きださない」

044 だから、売れない！その③
「やるべきことが明確になっていない」

048 だから、売れない！その④
「優先順位がつけられない」

054 だから、売れない！その⑤
「タイミングを意識しない」

060 だから、売れない！その⑥
「課題が頭の中だけ」

066 だから、売れない！その⑦
「タイムスケジュールが不明瞭」

第2章

売上アップに欠かせないメモの取り方

攻めの営業が身につく
商談前メモ　　　　　072

退屈な会議が売上伸長の突破口に変わる
準備メモ　　　　　　078

モチベーションを上げる
『やるべきこと』メモ　084

仕分け、整理整頓の習慣が身につく
メモの色分け　　　　090

社内作業を効率的に終わらせる
時間割メモ　　　　　096

アイディアが浮かぶようになる
感じたことメモ　　　102

第 **3** 章

売れる！戦略ツール『営業ノート』のつくり方

110 100円ノートに線を引き、
日付けを入れるだけ

114 スケジュールを色分けし、
社内・外・プライベートを可視化する

116 前日にやるべきことをリストアップ
未処理事項の繰り越しも忘れずに

120 準備すること・考えることは、
まずタイトルを書いておく

126 書いたり、貼ったり、なんでもOK！
フリースペースはあなたのネタ帳

128 100円ノートが1週間後には
『戦略ノート』に変貌

136 column1
売上目標を楽々クリアーする意識改革〜個人編〜

第4章

売れる営業マンとなるために大切なこと
~なぜ100円ノートで売上が伸びるのか~

「見込み客」を増やさない　140

売上は、商品がつくるのではない　146

お客様ではなく、自分の都合でアポを取る　152

営業にでない日をつくる　160

『問題意識』の下地をつくる　168

column2
売上目標を楽々クリアーする意識改革~チーム編~　174

第 **5** 章

三日坊主にならない！
無理なく『営業ノート』を続けるコツ

178 アポと連動させれば
『やるべきこと』は自然と浮かんでくる

182 プライベート事項もドンドン書き込む

186 薄く、軽いただのノートだから
どこでも持ち運ぼう

190 殴り書きの箇条書きで充分！
文章で、きれいに書こうと思わない

第 **6** 章

営業が楽しくなる「フリースペース」の使い方

アポ取り、顧客訪問を楽しくする方法　**196**

自分の傾向と対策まで見えてくる！
商談を楽しくする方法　**204**

データをつける習慣が
自己管理力をアップさせる　**212**

おわりに　**220**

装丁　冨澤崇（EBranch）
図表　冨澤由紀枝（EBranch）

序　章

**手帳の使い方を
変えれば、
売上は上がる**

売れる営業マンか、売れない営業マンか、手帳を見ればすぐわかる

　私は30年を超えるこれまでの営業人生で、より効率的・価値的に売上を上げるための手帳づくりに傾倒してきました。その結果、手帳を見れば、その営業マンが売れているか・いないかが、即わかるようになりました。

　なんと、手帳の使い方がそのまま営業成績に反映するという法則を発見したのです。
　それゆえに、営業セミナーでは必ず、参加者の手帳をチェックしています。この4年間で6,500人を超える営業マンの手帳を見てきました。

では手帳の何が、売れるか・売れないかを表す根拠となっているのでしょうか?

それは一言で言えば、

> 「手帳が思索帳」になっているか

どうかという点です。

本来、手帳は単なるスケジュール管理だけのものではないはずです。
しかし、売れない営業マンはほとんど、スケジュールしか書いていません。かつての私もそうでした。

しかし、その日にやるべきことを書かないで、どうしてきめ細かなフォロー、攻めの営業ができるのでしょうか?
攻めの営業をしなければ売れないことは、多くの営業マンが頭ではわかっています。
攻めの営業とは、思いつく限りの手を打ち、既存客への限りない支援をし、新規客獲得のための工夫を施し、良質な手数、足数の総量を上げることです。

こうした様々な着手事項を日々、確実にやり抜いた人のみが、売れる営業マンとなります。

　もし、あなたが売れない営業マンであったとしても、手帳を改革することによって見違えるような売上成果がだせるようになります。

　では、手帳の何が変われば良いでしょう？

　それは営業への考え方の変革とも言えます。

　私は、セミナーに参加した方たちから、後日、お手紙をいただくことも少なくありません。
　そこには、
「後藤先生のセミナーを受けて、日々の詰めの甘さを知り、猛省しました。
　手帳の手法をちょっと変えただけで、今は先手の営業に徹することができるようになり、お陰様でトップ営業の地位を築けるようになりました」
と。

あなたにもできます。
さあ、今日から手帳革命に挑んでみましょう！

序章　手帳の使い方を変えれば、売上は上がる

> # 営業マンの手帳は、スケジュールを書き込むだけのものじゃない

　売れない営業マンは、スケジュールを書くだけが手帳の使い道だと思っています。スケジュール管理は無論、必要なことではありますが、それだけで良しとする考え方こそが、売れない原因をつくっていることに気づいていません。

　スケジュール管理とは、

> ○月○日・午後○時・Ａ社訪問

これだけです。

しかし、ちょっと待ってください。Ａ社訪問の意味は様々にあるはずです。
　例えば、Ａ社訪問は今度で２回目だとします。前回とは違った商談をしなくてはなりません。

> ☑ **商品の魅力をさらに伝えるには、どう表現すべきか**
> ☑ **見積りに不備はないか**
> ☑ **もっと説得力を増すためには、何の資料を見せれば良いか**
> ☑ **他社との合見積りとなってはいまいか**

　１件のアポであっても、営業マンであるあなたの頭脳はフル回転し、あらゆる準備をしなければならないはずです。
　では、こうした準備事項をどこに書き込みますか？

「いやいや、準備事項は私の頭の中にがっちり入っていますよ」
と言う声が聞こえてきそうです。けれど、あなたがどんなに優秀な頭脳の持ち主であったとしても、それでは必ず漏れがでます。この漏れによって商談を優位に進められないケースをしばしば目にします。

私はセミナーで
「〇〇さん、△月□日、1時のアポであなたは何を準備しますか？」
と、ある方の手帳に書かれたアポを教材として、質問します。
　その方は2つ、3つは答えてくれますが、私が突っ込んで聞くと、すぐにしどろもどろとなってしまいます。そして、研修サンプルとしては実に優秀なのですが（笑）、きめ細かな準備ができていなかったことを露呈してくれます。

　全戦全勝を果たしていたころナポレオンは、

> 戦う前にどれだけ準備したかによって既に勝敗は決している

との名言を吐いたといいます。
　ナポレオンほど準備に余念がなかった人物はいません。

　すべては準備から始まります。

　手帳はスケジュール管理だけのもの、という概念を崩すことによって、あなたの"手帳革命"は始まります。

そして「売れない営業マン」の悪名を見事に返上しようではありませんか！

売上アップの第一歩は『明日やるべきこと』を書きだすこと

「手帳革命？　なんか難しそうで自分には無理だ」
と言われそうですね。
　市販されているどんな手帳を使ってももちろん、考え方が変わらなければ何も始まりません。

　その考え方の変革は簡単です！

> 明日やるべきことを
> 書きだすことから始める

だけなのです。

「なんだ、そんなことで売上が上がったら世話ないぜ」
と、思われるかもしれませんが実にシンプルなのです。

これが毎日できるようになると、

① 明日が楽しみになる
② 明日の気合いが変わる
③ 集中力が増す
④ 抜け（漏れ）がなくなる
⑤ 先手が打てるようになる
⑥ 売上伸長の手応えを感じるようになる

つまり、明日という日を、有意義に、無駄のない1日にできるようになります。さらに『営業を思索する』習慣がつきます。
　営業は戦略・戦術の格闘の職種ですね。

「もっと、どうすれば……」
「もっと良い方法はないか……」
「あのお客様には何を……」
「今のやり方で良いのか……」

こうした思索の積み重ねが、あなたを売れる営業マンへと育ててくれるのです。

　その第１ステップこそ、明日やるべきことを書きだす習慣です。

　セミナーで、
「明日やるべきことを書きだしてください」
と促すと、最初は半数くらいの方が３つ、４つで一旦、手が止まってしまいます。
　「〇〇さん、もっとあるはずでしょう？」
と言って、いくつかのヒントをだすと、今度はすらすらと書いていくようになります。
　３５項目も書きだした方もいました。

　明日を意識して、明日やるべきことを想定し、まだないかとひねりだしていけば、やるべきことはいくつでもでてくるから不思議です。

　やるべきことが多いということは、

> 前進している証拠であり、
> 売上を伸ばすための手を打てていること

なのです。

　明日の準備こそ、あなたを勝利へ導く第一歩であることを忘れないでください。

手帳は、100円ノートで充分！高価な手帳が、売上をつくるのではない

　私はある時期から市販の高価な手帳を使用しなくなりました。一見、使い勝手が良いように見えても、これからご紹介する私の手法を落とし込むには無理があったからです。

　では、どんな手帳を使っているかと言えば、100円均一で売っているような普通のノートだけです。何も高い金額を払わなくても、十二分に役目を果たしてくれます。

　試行錯誤の末に現在は、コクヨから発売されている1冊200円程度の『統計ノート（備考欄付）』（品番「ノ－4R」希望小売価格220円＊2012年4月30日現在）を使用しています。

これは、見た目には造作ないノートですが、横罫だけでなく予め縦罫も引いてあるので、月曜日から日曜日までの１週間を縦に見開きで使うことができ、私の手法（詳しいノートの使い方は第３章以降でお伝えします）にはぴったりのノートです。

　週の初めはまっさらだったノートが、１週間を終えるとびっちりと埋まってしまいます。
　まさにやるべき項目の履歴であり、私の思索の足跡とも言えます。

　この私のノートを見た人たちから、
「書き方を教えてくれないか」
とお願いされ、即座にノートの書き方教室となることがあります。
　その方たちは今でも、私の手法を継続してくれています。皆さん嬉しいことに、
「売上が上がるようになった」
と言うのです。無論、半分お世辞もあるでしょうが、
「業務に漏れがなくなり、明日やるべきことを搾りだして、思索する習慣がついたよ」
とも言ってくれます。

| 序章 | 手帳の使い方を変えれば、売上は上がる |

そして自らのノートを誇らしげに見せる姿に、私はしてやったりと一人ほくそえんでいます。ある社長に
「特許使用料は高いですよ」
と冗談をかますと、必ず酒をおごってくれるのですよ（笑）。

ともあれ、高い金額をだして買った手帳が、良い仕事を生んでくれるのではないのです。

重ねて言いますが、手帳革命は

> 明日、何をやるかの棚卸の習慣づけ

から始まります。そして、

> 戦略の糸口を書き連ねる思索帳

へと繋がっていくのです。

第 **1** 章

売れない営業マン 「7つの悪習慣」

だから、売れない！その①
「スケジュールしか書いていない」

誰もが抱く手帳の概念はスケジュールの記入が目的ですが、

> スケジュールは、約束の確定でしかない

のです。

　年末になると書店や文具店では、ところ狭しと各種の手帳が売りだされます。革張りの重厚で立派な手帳もあれば、背広のポケットに入る薄型のものもあります。
　各社各様、顧客争奪のために斬新なアイディアを駆使して発売するわけです。

また、現代はスマートフォンやiPadなどのタブレット端末が爆発的に売れ、若者を中心にアナログの手帳を持ち歩かない人が増えています。さらにノートパソコンを常備して、電車の中でも開いている人もよく見かけます。

　別にスケジュール管理をアナログでやろうが、デジタルでやろうが人それぞれの自由ですし、どちらが良いとも悪いとも言えません。使いやすいほうを使えば良いのです。

　ただし、どちらにせよ、銘記して欲しいことは、

> スケジュールだけを書き込んだり、
> 入力することがスケジュール管理ではない

ということです。

　「何を言っているか、わからない。スケジュール管理はスケジュールを管理することだろう」
と言われそうですが、しかし、そこに大きな落とし穴があるのです。

右に示す図表1は一般的に使われている手帳の記入例です。

　縦や横に時間軸があり、書き込むようになっていますね。誰もがこの形式に慣れています。いつ、どこで、誰に、というのは、スケジュール管理の基本であり、備忘録やアポ帳とも言われています。
　しかし、果たしてこれだけで良いのでしょうか？

　図表2に示した、A氏とB氏のスケジュール帳を見比べてください。
　A氏はスケジュールに加え、その日にやらねばならないことを書いただけですが、この違いがわかりますか？

　日々、A氏のような手法を取るか、B氏のようなスケジュールのみの形式を続けるかで、自ずと売上に違いがでてしまうから怖いのです。

　人間は今までやってきた自分の手法を変えることを好みません。そのやり方を長く続けていればいるほど、浸み込んでしまっているからです。

図表 1　一般的な手帳のスケジュール記入例

時刻	6/11 (月)	6/12 (火)
8	全体朝会	
9	課ミーティング	課ミーティング
10	A社打ち合わせ	
11		D社訪問
12		
13	B社プレゼン	E社打ち合わせ
14		
15	C社納品	
16		
17		部長と打ち合わせ
18		
19	部長と懇談	
20		
21		
22		
23		
24		

図表 2　A氏とB氏のスケジュール帳

A氏　6/11 (月)

8:30	全体朝礼
9:00	課ミーティング
10:30	A社打ち合わせ
13:30	B社プレゼン
15:30	C社納品
19:00	部長と懇談

- A社打ち合わせ資料確認
- F社　〇〇部長 TEL アポ
- C社納品物チェック
- 部長懇談用資料作成
- B社プレゼン資料部長にご確認
- E社　社長へ御礼のTEL
- 下半期の売上草案作り
- 部下5名の役割分担考案
- 新商品プレゼン内容確認
- A社　売上アップ策検討
- Z社　〇〇課長へTEL確認

B氏　6/11 (月)

11:00	D社プレゼン
12:00	D社社長と昼食
15:00	E社訪問
17:00	部長とG社同行

第1章　売れない営業マン「7つの悪習慣」

大事なことは、A氏・B氏、両者の手帳を見比べて、こうしたつけ方を日々持続して行なった場合、どちらが売上を伸ばすことができるか、感覚的・視覚的でも良いですから、理解していただきたいのです。

　例えば、スケジュールが入らなかった日があるとします。
　こうした日は終日会社にいることになります。そして、スケジュールしか書いていない営業マンは、だらだらと1日を過ごしてしまう傾向があります。
　私が申し上げたいのはここです。
　その日にやるべきことが明確になっていないために、無駄な時間を送りがちなのです。

　また、スケジュールがびっしりと埋まった週などは小躍りしますよね。今週は売上が期待できるなと思います。

　ところがどっこい、忙殺されてしまい、準備不足で、漏れ漏れとなり、すべて中途半端に終わってしまった……という経験をしたことのある方も少なくないと思います。
　偉そうに言う私も何度も苦い経験をしてきました。

つまり、スケジュールがあろうが、なかろうが、営業マンにはやることが多々あります。

> いつ、誰と、何が、
> などというスケジュールの記入だけが、
> スケジュール管理ではない

ことを再認識していただきたいのです。
　私の手帳革命はこの考え方がベースになっています。スケジュールだけしか書いていない手帳が悪いのではありません。
　安直な記入だけで済ませてしまう「考えることをしない土壌」が原因で、売れるようになれないことを銘記しましょう。

　よろしいでしょうか。スケジュールに隠された奥の奥の追求。これこそが私が唱える「手帳革命」です。

　くどいようですが、スケジュールだけしか書いていないから売れないのですよ。

だから、売れない！その②
「商談や会議に必要な準備事項を書きださない」

　1件のアポを取り、商談することから売上ストーリーは始まります。
　では、あなたはその商談で何をどう展開しますか？

　会議とは、日々の活動の改善策などを話し合い、チームの意思統一をし、売上ストーリーの下地をつくる場でもあります。
　では、その会議で、あなたは何を準備し、何を発言し、提案しますか？
　さらに、会議を行なう目的は明確になっていますか？

　図表3に示したスケジュールが入ったとします。

図表 3

6/11 (月)	6/12 (火)	
8:30 全体朝礼	11:00 D社プレゼン	
~~9:00 課ミーティング~~	12:00 D社社長と昼食	
~~10:30 A社打ち合わせ~~	15:00 E社訪問	
13:30 B社プレゼン	17:00 部長とG社同行	
15:30 C社納品		
19:00 部長と懇談		

第1章 売れない営業マン「7つの悪習慣」

では、質問いたします。

質問1

１１日、課ミーティングが9時から入っています。あなたは課長です。何をどうしますか？

・ミーティングの式次第は？

・個々人の売上データは？

・行動結果の分析は？

・その他、準備する資料は？

・課メンバーへのコメントは？

・全社的な通達事項は？

質問2

11日10時半より、A社打ち合わせがあります。

・何を打ち合わせしますか？

・何が達成目標ですか？

・準備する書類は？

・予備の資料は？

質問3

12日15時に、E社訪問をします。

・何を持っていきますか？

・目的は？

・この訪問ではどこまで詰めますか？

「そんなことは私の頭の中にしっかり入っていますよ」
と、セミナーでこの質問をすると、受講者は答えてくれます。

しかし、文字として書くことと、ただ頭の中だけにあることでは自ずと違いがでるのはおわかりですよね。

繰り返しとなりますが、"漏れ"が怖いのです。

漏れが商談を失敗させてしまう

ことが少なくありません。

会議や商談には、

① **必ず準備しなければならないもの**
② **式次第、流れ**
③ **開催目的、意義**
④ **会議での着手事項、発言話題、課題提示**

などが必ず発生します。

しかし、スケジュールだけで良しとする手帳には、きめ細かな落とし込みはできません。

また、人によってはメモ帳や雑記帳を別に持っている人もいます。それはそれでないよりはマシですが、スケジュールと連動させ、一覧で見ることにより、関連づけて捉えることが大事なのです。

　営業マンは１週間単位で見ても、訪問する商談先があり、社内での各種会議や事務処理等、やるべきことが多々あります。

　また、管理職ともなれば、自ら追いかける顧客の売上のみならず、チームの売上、会議、会議と目の回るような忙しさです。

　私は、サラリーマンのころ、７つの部署を統括する立場にあったことがあります。
　日々、１時間単位で会議、打ち合わせ、部下同行、商談が続きました。その度に必要であろう準備事項をノートに書き連ねることによって、各種様々な部署の問題点や、課題、売上追求をこなすことができました。
　この手法を取らなかったら、とても一人で７部門を見ることはできなかったでしょう。

　ある時、取引先の部長から言われたことが思い起こされます。

「後藤さんはどうして、いくつも兼務している部署のことを的確にこなせるのですか？」
　私はその方に、『営業ノート』を見せました。そこには、各種打ち合わせの詳細、その日にやるべきことがびっちり書かれていたわけです。彼はノートを見て
「なるほど……。わかりました」
と深く頷きました。

　私はスーパーマンではありません。
　元来そそっかしく、大雑把な性格ですので、「忘れる」「漏れる」ことの常習犯でした。その度に上司や取引先から叱られ、人格がボロボロになった時期もありました。

　そんな自分に嫌気がさして、なんとか緻密人間へと改造したい。その思いが、一つひとつの商談や会議への準備を万端にする方向へ、自分を転換させてきたのだと思います。
　今も多忙を極めていますが、私はこの手法のお陰で、いくつ、何が重なっても普通にこなせるようになりました。

　営業にとって、１回１回の商談は売上を左右する大事な場面です。

ゆえに従来どおりの営業をすれば良いという考えこそが、売上低迷を招いてしまいます。

　顧客によって見せる資料も変わらなければならないはずです。落としどころも変わってくるでしょう。

　また、各種会議も「またか……」ではなく、日々の活動を良くするための大事な場面と捉え、準備事項を書きだしてください。

　準備することが習慣になれば確実に売上は伸びていきます。

だから、売れない！その③
「やるべきことが明確になっていない」

　営業マンにとって１日にやらねばならぬことは山積みです。
　やるべきことがその日２〜３項目しかなければ、別に書かなくとも記憶できます。
　しかし、着手しなければならない事項が２〜３つしかないとしたら、売れる営業マンになれるわけがありません。

　仮に、その日に２０〜３０項目の着手事項があったら、どうしますか？
　「頭に入っているから大丈夫！」と言い切れますか？
　それをどう処理しますか？
　一つひとつ思いだしながらやりますか？

やるべきことがありながらも、書きださないために、漏れがでてしまい、その結果、後手後手となってしまいます。
　私は過去にこんな失敗をしでかしました。

> 昨日、A社〇〇部長に電話を入れておくべきだった
> 昨日の商談は、デモ機を持っていくべきだった
> 何をしたのかわからないうちに１日が終わってしまった
> ミーティングでは〇〇のことに触れるべきだった
> B社からの宿題事項をやり忘れていた
> 注文書を忘れてしまい、契約を逃してしまった
> サンプルを見せれば良かった──

　やるべきことが明確になっていないと、こうした過ちを犯してしまいます。こんなことを繰り返していたら、売れるわけはありませんよね。

　約束ごとを忘れることで、取引先との信頼関係は簡単に崩れてしまいます。
　建設は死闘、破壊は一瞬です。折角、良い関係を築いてきたのに、たった１回のすっぽかしや約束不履行によって、取引停止になった例を私は何度も見てきました。

私が営業部長をしていた時のこと。
　毎週月曜の朝8時から会社近くのファミレスで、社長と2人で朝食ミーティングを行なっていました。私は毎回、打ち合わせ事項を『営業ノート』に記入し、1個ずつ、チェックしていました。
　ある時、前の週に、社長に依頼した、取引先の〇〇社長に御礼の電話を入れることに言及。しかし、社長からは、
「あ、忘れた！　後藤部長ごめん」
との返事。
　大きな取引先に伸ばすタイミングを逸してしまったのです。

　こんなこともありました。
　ある日のこと、いつものプレゼンだからと準備をそこそこに、商談先へ向かいました。そして、いつも使っているバインダーから、本日使うプレゼン資料を取りだそうとしました。
　しかし、なんと1部もないのです。真っ青になって口頭で説明したものの、相手はわかるわけがなく、
「資料はないのですか？」
と冷ややかな言葉。「あんた、何しにきたの？」と言わんばかりの表情に落ち込むことしきりでした。

これらは、やるべきことを明確にしていなかったために、漏れがでて、その結果失敗してしまった最悪の例です。
　商談だけでなく、社内でも同じことが言えます。
　約束を守らなかったことから、人間関係は崩れ、団結を乱し、上司であっても意見が無視されることが少なくありません。

　売上アップの第一歩は『明日やるべきこと』を書きだすことから始まります。間違っても、朝会社にきて、「さて、今日は何をしようか……」などという体制を取ってはいけません。
　営業は朝から戦闘モードに入らずして、良い仕事ができないことはおわかりですね。やるべきことを明確にしておき、「今日はＡ社との初商談」「Ｂ社とは大事な打ち合わせ」「社内ミーティングの準備」──。「よーし、今日もやるぞ！」という姿勢が売上を呼び込むわけです。
　さらに私の場合、やるべきことの羅列を前日に見ていると、脳は明日を描き場面をイメージし、やる気というエネルギーが自然のうちに充満してきます。特に重要案件がある時などは半端ではない闘志が漲ります。
　さあ、あなたも、漏れが原因の失敗をなくし、高いモチベーションで１日を過ごすために、やるべきことを書きだし、明確にしておく習慣をつけてください。

第１章　売れない営業マン「７つの悪習慣」

だから、売れない！その④
「優先順位が つけられない」

やるべきことが多いと嫌になる……
どれから手をつけて良いか、わからない……

　多くの営業マンを見てきて、このように言う方はまず売れない営業マンだと言い切れます。もうやる前から、量の多さに脳が悲鳴を上げているからです。

　こうした人に共通することは間違いなく、やるべきことに優先順位がつけられていません。

　ですから、闇雲に着手するものの、1日があっという間に終わってしまい、結局、「今日は一体、何をやっていたのだろう

か……」となってしまいます。

では、このように混乱しないためにはどうしたら良いのでしょうか？

着手事項には4つのカテゴリーがあります。

> ① 急がねばならないこと
> ② 今日中にやれば良いこと
> ③ 明日以降になっても構わないこと
> ④ 時期は決まっていないが考えねばならぬこと

という優先順位です。

ただでさえ、営業マンはやるべきことが多いはず。

しかし、この4つを混在させてしまうと、急がねばならないことを忘れたり、明日以降でも良いことに多くの時間を費やすという過ちを犯します。

> Ⅰ まずは①と②を優先させ、ナンバーを振ります
> Ⅱ そして、③・④を見ながら、処理の順番を考えます

次ページ図表4、6月13日の例を見てください。

第1章 売れない営業マン「7つの悪習慣」

図表 4

6/13 (水)	
2・F社　○○部長 TEL アポ	
10・部下5名の役割分担考案	
11・新商品プレゼン内容確認	
3・部下週報チェック	
4・D社プレゼン内容確認	
6・A社見積り完成	
8・部下、山本への提言内容	
5・商品確認	
7・先週の売上伝票チェック	
1・W社　部長へアポ TEL	
9・経理より仮払2万円	
	◎重要事項は**赤字**で記入します

　この日に着手することは全部で11項目あります。全項目を見つめながら、各項目の頭にあるように順番を振っていきます。
　特にW社部長への電話は最重要ですので、1番です。F社部長へのTELアポも重要なので、2番目につけました。

　このように順番をつけることで、あなたの頭の中では、着手事項の重要度が印象づけられ、明確に認識するようになります。

この優先順位をつける作業は、前もって列記したやるべきことにナンバーを振るだけの単純な行為ですが、実は重要な示唆をはらんでいます。

　私は多くの営業マンを見てきましたが、総論と各論をごちゃまぜにする人をよく見かけます。そうした人たちにプレゼンをさせたり、何かのテーマで話してもらうと、残念ながら、はっきりと駄目さ加減を露呈してくれます。というのは、重要なことではなく、明らかに脱線した話を延々としゃべり続けるのです。なぜなら、そうした人は、何を話すべきか整理し、どうすべき状況か判断することができていないからです。

　皆さんも周りに「話が長い」人を見かけると思います。話が長い人は、総論・各論の判別ができていない、状況把握ができていないために、「その場で何が求められているのか」、「何の話をすることがベストなのか」、「話す時間は何分与えられているのか」が、わかっていません。
　よく結婚式の披露宴で、乾杯の挨拶でありながら１０分も話す方がいますよね。きている人たちはうんざりしているのに一向に止めない。おめでたい方です。聞かされるほうは疲れること、しきり。早く終わってくれと思うだけです。

第１章　売れない営業マン「７つの悪習慣」

はやり言葉に「KY」という言葉がありました。「空気が読めない人」のことをさします。これも場の求めるものを読めず＝"判断"できず、周りに迷惑をかける人のことですね。

　次に、新聞の構成について見てみましょう。
　どの新聞も必ず3つの構成で記事が成り立っています。

---

① タイトル　「円高進む！」といった一言で表現する言葉です。
② リード　　「本日、円は1ドル76円にまで下がった。輸出産業は大打撃を受け、各社その対応に追われ、深刻度を増している」
③ 本文　　　円高が進んだ背景から、その実態を詳細に説明する文章です。

　この構成は、読者を意識した昔からの新聞の表現技法です。
　読者は、まずタイトルだけ斜め読みし、関心がある内容だとリードを読み、さらに本文へと導かれていきます。
　つまり、伝えたいことを、主題（＝タイトル）、概要（＝リード）に"わける"ことで、人に伝えやすくなるのです。

優先順位をつけるという習慣は、やるべきことの重要度・緊急度を"判断"し、"わける"習慣です。ナンバーを振るだけの単純なものですが、

> **優先順位をつける作業は、
> 状況把握を瞬時に行なう習慣へ繋がる**

のです。さらに、総論・各論をわけて考え、伝える能力も、この作業から芽生えていきます。

　着手事項に優先順位をつけるという単純な習慣が、このように様々な能力を自然と養っていけるのです。

　前出した４つのカテゴリーを常に意識することで、順番は簡単につけられるようになります。

　また、③の「明日以降になっても構わない項目」には、いついつまでにという締切があるはずです。締切日の欄に「〇〇締切」と前もって書いておく習慣をつけましょう。そうすれば、期日を忘れることなく履行できるようになります。

　さらに、④の「時期は決まってはいないが、考えねばならぬこと」も、実は「思索する習慣づけ」という点で極めて大事なものです。これについては、後で詳しくご説明しますね。

だから、売れない！その⑤
「タイミングを意識しない」

　営業にとって、アポを取り、商談件数を増やすことが、売上を伸ばすセオリーですよね。

　しかし、アポ取り一つ見ても、売上が伸びない営業マンはただ漫然と電話をかけ、いつも不在、いつまで経ってもアポが取れない事例をよく耳にします。

　営業はお客様あっての仕事です。ですから、

- ☑ 何日に連絡するのか？
- ☑ 何曜日だとつかまりやすいのか？
- ☑ その人はどの時間帯にいるのか？

等々、アポ取りだけでも"タイミング"が重要になってきます。
　そして、タイミングを逸してしまうと、折角の契約も流れてしまうこともあります。

　以下のような失敗はありませんか？

> 納期期限を忘れて１週間後となってしまった
> 請求書の発行を期日までにだし忘れて、翌月入金となってしまった
> ○時に電話をくれという取引先との約束を忘れた
> サンプルを○○日までに送ってくれという依頼を忘れた
> 見積り提出に期限があることを知らなかった
> ○○の資料を今週中に送付してくれという依頼を忘れた

　前述の"漏れ"と重複しますが、このような失敗は、すべてタイミングを逸した結果でもあります。

　私もかつてこんな苦い経験をしました。
「今週は忙しい。来週月曜に連絡してくれ」
とお客様から言われました。
　ところが月曜は超多忙で忘れてしまい、火曜日の朝、思いだ

して連絡をしました。しかし、先方は出張してしまい不在。
　この間になんと、他社に大口の契約を取られてしまったのです。つまり、電話のタイミングは月曜日しかなかったのですね。

　また、訪問後の御礼メールの話です。
　多忙な日が続き、取引先の部長への御礼メールが遅くなってしまいました。メールしたのは1週間後。
　すると、その部長からの返信メールには、
「後藤さん、御礼はありがたいけど、もう1週間も経っていますよ」
と呆れた、苦言めいた内容でした。

　御礼ですから、訪問した日の夕方か、遅くとも翌日が良いのです。3〜4日経過してからでは御礼の意味がなくなってしまいますね。

　見積書提出の話です。
「まだ時間はある。じっくりと他社動向を考慮しながらやろう」と思い、のんびり構えていたところ、気づけば明日が締切。慌てて着手しました。ところが、結果はアウト。

期限が決まっているようなケースは、遅くとも３日前に作成し、余裕を持たせるべきだったのでしょう。

　逆に、こんなこともありました。
　いつ電話してもつかまらない取引先の部長がいました。ある時、私は受付の女性から、その部長が席にいる時間帯を聞きだすことに成功しました。

　彼が席にいる時間は、午前９時〜９時半、昼１２時の１０分前。そして、この時間に連絡するとなんとすんなりアポが取れたのです。

　このように、

> 営業には、この時間しかないという『タイミング』があります

　営業にとって、タイミングを意識するか、しないかで売上は大きく左右します。

　図表５（58ページ）をご覧ください。

図表 5

	6/14（水）	
	・先週分売上伝票経理へ提出	
	・部下、野中の低迷理由分析	
	・総務部長へ挨拶文渡し	
	・B社部長へ 御礼メール（午前処理）	
	・納品物確認	
	・J社部長へTEL 5時に	
	・名刺発注100枚 総務へ	
	・課長会議資料作成	
	・F社 ○○部長 TELアポ 9時に	

◎重要事項は**赤字**で記入します

「B社部長へ御礼メール」は『午前処理』と書いてあります。昨日、訪問したB社ですから、やはり、早めにメールしておく意味で午前処理なのですね。

「J社部長へTEL」は『17時』です。

これは、先方の部長から
「夕方5時には戻っているので連絡をくれ」
と言われたケースです。ですから15時でも16時でも不在で、明日になってもいけないわけです。

「F社〇〇部長TELアポ」は『9時』です。

なかなかつかまらない〇〇部長、朝しかないと決めて、9時と記した場面です。

このように、やるべき着手事項のなかには、先方からの時間指定もあれば、自ら決めてその時間にアクションを起こしたほうが良い場合もでてきます。

そうした「この時間しかない」というタイミングを逃さないためにも、あなたの手帳に是非とも、日時指定を書き込むようにしてください。

だから、売れない！その⑥
「課題が頭の中だけ」

営業活動において、

① 課題
② 問題点
③ 改善点
④ 目標

は必ずなくてはならないものです。

しかし、「頭でわかっていること」と「書くこと」では、全然インパクトが違います。

手帳とは、スケジュール表だと思っている人は、課題をメモする習慣がありませんから、なんとなく頭にあるだけです。しかし、それでは漠然としていて、明確に意識できているわけではないのですね。

　書かないと、茫漠とした思いは絶対に発展することはありません。

> 書くことで、
> その思いは、次なる思索へと繋がり、
> 解決の糸口を導きだす

ことができるのです。

　営業はカンピュータではなく、科学です。
　今の営業活動において、問題があるから売上が伸びないわけです。その問題が何であるかを自らつかみ、改善していくためにも、箇条書きする習慣が大切です。

　次ページの図表6を見てください。

第1章　売れない営業マン「7つの悪習慣」

図表 | 6

なぜ、売上が上がらないのか
・訪問件数は先週、課で35件
→少ない、前月比70%
・部下の同行少ないか
・新規開拓のフィールド見直し
・商品知識不足→勉強会必要か

　なぜ、売上が上がらないかを箇条書きにしました。原因は多々ありますが、その糸口を見出すためのメモです。

　訪問件数が先週に比べて少なくなっています。

　また、課長の立場として部下同行が少ないために、即決ができず、見込みになってしまっています。

　こうしたメモが戦略・戦術を確立していくためのヒントになります。

図表 7

> S社攻略、深堀の手立て
> ・○○部長ともっと親密に
> ・担当部下の交代
> 　→山本から飯島へ
> ・次なる受注計画の練り直しか
> ・1回の発注量を2倍
> 　そのために
> 　①ストック在庫の重要性促す
> 　②市場拡大の提案
> 　③サンプル品の増加

　次に、図表7をご覧ください。

　「S社攻略、深堀の手立て」と題するメモです。

　箇条書きレベルのものですが、ここにも漠然と思っていたことをメモしています。

　S社の担当窓口は○○部長ですが、まだ、なんでも話せる関係には至っていません。企業と企業の付き合いレベルから脱していないわけです。

> もっと親密になるにはどうしたら、良いのか？
> Ｓ社の自社担当を山本から、相手の懐に入るのが上手い飯島へ変えるべきか？――

等々、思索を巡らすためのメモです。

　私は現在、研修事業を行なっていますが、近年、景気の低迷が続き、特にリーマンショック以降は、各企業における教育訓練費用は大幅カットが続きました。人事総務部の悩みは、社員に教育を施したくても、費用ねん出ができないことから、後回しになっていることでした。

　そうしたなか、
「企業が自腹を切らずに、多くの研修を提供できるしくみはないか？――」
と思索メモを綴り続けていた時、たまたま見た厚生労働省のホームページで、ある助成金を知りました。
　「あ！　これだ！」
とすぐにピンときて、その制度を調べていくと、研修にかかる費用を国が一人１回６，０００円まで支払ってくれる制度でし

た。

　今では企業側からも大変、喜ばれています。

　これとて、常日ごろから課題を書き連ねてきた習慣が、点と点を結びつけ、大きな売上に繋がるヒントを与えてくれたのだと思っています。

　思索の糸口は、どこでどう繋がるかわかりません。

　何気ない事柄が売上を伸ばすヒントになるわけですが、課題や問題点を書くことにより、尚一層、問題意識は顕在化し、あなたの意識層の奥深くに刻印されていきます。

　大事なことは、自分の課題を頭の中だけに留めておくのではなく、大いに文字に落とし込む習慣をつけてください。

だから、売れない！その⑦
「タイムスケジュールが不明瞭」

　毎日、朝から晩までアポを入れることが営業マンにとって理想ではありますが、毎日、びっしりとアポが入るとは限りません。アポが取れなくて、終日または半日、会社にいなければならない日もあります。

　営業マンのなかには、社内にいる時に、やるべきことを時間で追いかけることをせず、他部署の人間とだべったり、うだうだとした時を過ごす人がいます。
　その結果、
「俺は一体、今日は何をしていたのだろう」
と反省はするのですが、以上終わりとなります。

こうした傾向は売れない営業マンの特徴の一つで、自己管理のできない典型的なパターンと言えます。
　さらに売れない営業マンは、自己管理は難しいとも考えています。自分は自己管理が苦手だからと、さらりと流してしまいます。しかし、そこを避けて良いのでしょうか？

　自己管理の一つに、"時間管理"があります。

> **時間管理とは、1日を自らの意思でタイムスケジュール化すること**

ですが、これは決して難しいことではないのです。

　高校までの学校生活を思い起こしてください。
　図表8（68ページ）のような時間割が曜日ごとに決められていたことでしょう。本人の意思に関係なく、時間がくれば〇〇教科、次は〇〇教科というように、やるべき科目を強いられたはずです。
　午後などは眠くなる瞼をこらえながらも、1日の授業をこなしていたわけですね。もちろん、学校の規則ですから従うしかなかったわけですが……。

図表 8

		月	火	水	木	金
	8:30	朝の読書				
	8:40	朝礼				
1限	9:00〜9:50	国語	数学ⅠA	英語Ⅰ	数学ⅠA	国語
2限	10:00〜10:50	世界史A	古典・漢文	物理Ⅰ	現代文	体育
3限	11:00〜11:50	数学ⅠA	化学Ⅰ	国語	地理	英語Ⅰ
4限	12:00〜12:50	英語Ⅰ	日本史A	数学ⅠA	音楽美術	数学ⅠA
		昼休み				
5限	13:40〜14:30	体育	英語(O)	現代社会	英語Ⅰ	音楽美術
6限	14:40〜15:30	化学Ⅰ	英語Ⅰ	生物Ⅰ	古典	物理Ⅰ
7限	15:40〜16:30	古典	保健家庭科	体育	英語(LR)	HR

実はここに、時間管理の鍵があります。

> 時間の割り振りを
> 自分で自分に強制する

かどうかです。

つまり、アポがない日こそ、学生時代の時間割の形式を取り込み、今度はあなた自身が、あなたの時間割をつくってしまうのです。

　自らの意思で、何にどれくらいの時間を要するか判断し、時間配分をして、適度に休憩も入れメリハリをつけます。具体的な方法は第２章でお伝えしますが、こうしてタイムスケジュールを作成すると、驚くほどいろいろなことが着手できるようになります。

　人間は誰しも楽な方法を取ろうと考えます。水が低いほうへ流れるように、楽なほうを選ぼうとします。
　時間管理も同じで、もういい大人になると、いちいちこと細かく「何時までに何をしろ」と人は言ってはくれませんよね。時間の有効な使い方など、私は今まで誰からも聞いたことはありません。自分で管理するしかない世界なのです。

　営業は自ら顧客をつくり育て、売上数字を上げるという使命を課せられ、そのために１日８時間という労働時間があります。
　しかし、サラリーマンですから、さぼっていても給料はもらえます。

事務職だと、内勤した時間数が労働対価として支払われ、残業をすれば残業代も支払われます。
　ところが営業は、売らなければ労働対価はゼロと同じですね。
　しかし、売り続けるならば、あなたの給料は上がり、役職も上がり、当然、役職手当もインセンティブも増えていきます。
　より売上を上げた人間が、より高い給料を手にできるわけです。

　であるなら、一見、売上に直結しない内勤の日であっても、ないがしろにせず、営業にでた日と同じように、充実した中身にしなくてはなりません。
　こうした考え方の変革が、あなたを売れる営業マンへと進化させます。

　ともあれ、時間を有効に使うかどうかの分かれ目が、タイムスケジュール化する行為にあることを知ってください。
　少しでも時間が空いたのなら、「何をするか？」「優先順位は？」「処理時間をどのくらい取るか？」を、自分自身で決め、終わりの時間を縛って行動しましょう。

CHAPTER TWO

第 2 章

売上アップに欠かせないメモの取り方

攻めの営業が身につく商談前メモ

　1件の商談アポ。今、あなたの手帳にはその日時が記載されています。しかし、アポのための準備事項は何も書かれていません。

　「いやいや、いつものプレゼンだから準備は特に必要ないので……」
と、あなたはその理由をこのように答えるかもしれません。

　売上が伸びない原因が"準備なし"であることに気づいていません。これこそが慣習の落とし穴です。

　初回アポならまだしも、2回目以降の訪問となると、"技"が必要になります。技とは何かと言えば、顧客の状況に応じた、

より良い資料の準備なのです。

　1件、1回の商談といえども、営業マンは最低5つの準備を心がけねばなりません。通常の資料準備を一つとカウントすると、あと4つ準備すべきことがあると思ってください。「そんなにないよ」ではなく、ひねりだしましょう。

　それにはまず、図表7（63ページ）で示したように、その会社をイメージし、どうやって攻略するのかを考えます。

> ランニングコストで攻めよう
> 実際の製品を見せたほうが良さそうだ
> 製品の安全性が重要だな
> ユーザーの声も追加しよう──

　このように攻略法がでてくれば、準備すべき資料や、先方から聞きだすこと・確認事項が、自ずと具体的になります。
　例えば、ランニングコストで攻めるならば現状のコスト聞きだしが必要になりますし、実物を見せることが効果的ならばサンプルを……、と準備すべきことが明確になるはずです。
　それを商談の準備事項として、書き留めるのです。

> 営業にとって売上を上げ続ける秘術は、
> １回１回の商談の積み重ねに他ならない

のです。
　１件のアポを大切にし、１回の商談を最大の準備で迎えること。このことの繰り返しが、あなたを売れる営業マンへと導いてくれるのです。

　では、例を見てみましょう。

　まず図表９は、Ｄ社との打ち合わせに際し記したメモです。
　Ｄ社とは非常に大事な局面を迎えています。やっと、Ｄ社の社長と打ち合わせの機会を得たと仮定しましょう。
　その際、何を詰めねばならないのかを箇条書きにしました。

　見積りの確認から、我が社技術スタッフが取り組むにあたり体制の説明を加えることは今回の訪問の重要なテーマです。
　そして、社長同士を引き合わせる接待の日取りまでも決めます。その際、我が社社長の都合の良い日を予め聞いておき、その場で接待日、場所を決めてしまえば二度手間になりません。

図表 | 9

D社 社長との打ち合わせ内容
・見積りの確認
・体制のチェック
・納期確認
・トップ会談の日程調整
・接待日の確定
・新製品サンプル送付是非

図表 | 10

H社プレゼン準備
・資料5部
・見積り最新版
・価格表改定版
・業界紙3枚コピー
・知事の推薦文　原紙持参

次に図表１０（前ページ）、Ｈ社へのプレゼンのケースです。

ここは２回目の訪問。前回指摘された内容を修正して再びのプレゼンとなりました。今回は「知事の推薦文」の原紙を持参し、さらにコピーも渡します。敢えて原紙を持っていくことで、行政が我が社の商品を推奨してくれている事実を示すわけです。

このように、

> 準備すべきことを箇条書きにする習慣が漏れを防ぎ、攻めの営業へと進化させます

こうした習慣をつけることで、あなたの「段取り力」は見違えるほど、アップしていきます。段取り力とは、場を想定し準備する能力とも言えます。

よく世間一般的に「想定内」「想定外」という言葉を使います。想定内とはご存じのとおり、予測した展開のことを言い、想定外とは読み切れなかった展開です。この想定外にならないように、準備にあたらなければならないことはおわかりですね。

特に大口契約の際は、段階的な囲い込みが大事です。

大口契約は、そう簡単には取れないものですが、獲得した暁には会社を安定路線へと導いてくれる大事な契約です。

その意味でも1回1回の商談は、契約というゴールへ向けての囲い込みにしなければなりません。

その際、4つのステップが考えられます。

> Step I　契約に必要な諸条件を読む
> Step II　契約を妨げそうなマイナス要素を洗いだす
> Step III　Step I に必要な書類、資料を整備する
> Step IV　決定権者に近づくための戦略を練る

I～IIIは、先に述べた、攻略法を考え、そのための資料などを準備することですね。IVは、大口契約では決定権者へのアプローチは必須です。どんなに素晴らしい提案をしても、相手が主任や係長レベルでは話になりません。たとえ、初回窓口がそのような立場の方であっても、その上の課長、部長、役員、場合によっては社長との接点を見出す努力が必要となります。

このように1回の商談には、多くの準備事項が必要であることを改めて意識し直し、明日からは万全の態勢で商談に臨んでください。なぜなら、売上とは1回1回の商談の積み重ねだからです。売上をつくる大切な商談を成功させるためには、準備事項を書きだす習慣が欠かせないのです。

退屈な会議が売上伸長の突破口に変わる準備メモ

　私は営業部長時代、嫌というほど、会議漬けの毎日でした。本当にこの会議は必要なのだろうかと何度思ったかしれません。
　しかし、会社組織においては会議は必要不可欠なものです。

　緊急時を除いて、会議は月1回、週1回という定期的なサイクルで開催されることが一般的ですが、ともすればマンネリとなります。このマンネリが、会議の陥りやすい落とし穴です。

　特に自分が主催者側でない場合は、筆記用具を持参するだけ。なんとなく席につき、なんとなく上司の苦言めいた話を聞くふりをして終える人もいます。

こんなことを繰り返していたら、売上をアップさせることなど到底できません。

　「会議は商談と同じように大切なものだ」というのが私の持論です。
　あなたがもし、主催者側の立場なら尚更のことです。今回の会議では何を詰めるのかをしっかりと決めなければなりません。
　毎週の定例会議となると、式次第はいつも同じことが多く、ともすれば手ぶらで参加してしまう傾向があります。これこそがウルトラマンのカラータイマーです。「やばい！」と感じなければいけません。

> ### 会議は本来、売上を伸ばすための戦略・戦術を詰める場

ですから、一つの会議には必ず目的を持たせ、細かく着手事項を書きだし、項目によっては事前に準備をしなければならないこともあるでしょう。データも必要となるはずです。

　チームリーダーにとっては、会議は最高の部下育成の場でもあることを、今一度、認識し直す必要があります。

また、役職のない営業マンであっても、会議を受身で聞いているうちは絶対に売上は伸びません。受身とは、「手ぶら」で参加する姿です。

> １週間、営業に動いて感じたこと
> 成功例・失敗例
> 効果的だった資料・見せ方・トーク
> 顧客の変化
> 大口契約に発展する匂い・契約の兆し
> クレーム――

等々、数え上げればきりがないほど、発信すべきことはあるはずです。ですから会議にあっては、

> あなたの感想や提案事項、報告事項を
> 予め箇条書きにして参加する

習慣をつけてください。それが会議を有意義なものにし、チームを活性化させ、売上伸長の突破口をつくっていきます。

　私はある時、売れない部署の部長を任されました。

前任部長時代はまったく売上が上がらず、もうその商品は止めようかという時に、私に白羽の矢が立ちました。就任後、部下たちと必死に売るための努力に奔走(ほんそう)しました。

　部下たちとの週１回の会議はまさに真剣勝負。社長からはあと半年で売上の目処が立たなければ部署閉鎖というまさに崖っぷちでした。

　私は当初、「うわ～、やられた！　ババひいた！」と落胆しましたが、「だったら、いっちょ、爆裂させてやるぞ」と気持ちを切り替え、臨みました。

　会議の準備事項は用意周到を極め、毎回２０項目くらいの検証課題を設けて会議を行なったのです。

　そして、いつしか部下の目の色が変化していきました。次第に部下から建設的な意見がで始め、アイディアがアイディアを生み、鋭い戦術を生んでいったのです。ところが２ヶ月間はまったくの売上ゼロ。焦りと不安に襲われながらも、ともかく実りある戦術会議に徹したのです。

　こうして約束の期限が過ぎたころ、わが部署は３００件の新規顧客を誕生させ、全社一の利益を生みだす部署へと変貌を遂げました。

　これすべて、会議の充実を訴え、事前準備を周到に積み重ねた結果でした。

図表 | 11

課ミーティング式次第
- 5名の部下から1週間の報告
- 6月中間での売上見込み
- 新商品のプレゼン角度検討
- 〃 プレゼンのロープレ
- 会社全体の伝達事項
- 部長よりコメント
- 部下、山本へ総括

図表11を例に、会議の準備について説明します。

課ミーティングにおけるポイントを箇条書きにしました。
1週間の報告、6月中間での売上見込み、そして今回の会議のホシ＝重要課題は、発売して間もない新商品。今月の売上の目玉でもあり、営業部として数字を稼ぐ絶好の主力商品です。
この商品のプレゼンについて、課員から今までのやり方のヒアリングをすることを挙げました。個々人がどのようにやっているのか具体的に把握できるようロープレも入れました。

さらに、部下・山本の体たらくぶりが目を覆うばかりであるため、今回は敢えて彼への総括を会議の場でやろうと決めたわけです。

　次は図表12を見てください。

図表｜12

課長会議準備事項
・売上データ
・今月の個人、課、着地予想
・商品群分析
・個々メンバーの課題抽出
・会社への提案事項
・ボーナス査定表草案
・デモ機貸し出しの件

　月1回の課長会議の準備事項です。毎回、このような形で箇条書きにする必要性を感じてください。

第2章　売上アップに欠かせないメモの取り方

モチベーションを上げる『やるべきこと』メモ

　『明日やるべきこと』を書く習慣はなぜ大事なのでしょうか？　それは「やらねばならない大切なことを漏らしてしまう」からだと序章や第1章で触れましたが、さらに突っ込んでみたいと思います。

　ここで営業の仕事を一度、棚卸してみましょう。右の一覧を見てください。

　ざっと挙げただけでこれだけあります。もちろん、扱う商品の性格や顧客層によって異なりますが、どれ一つとっても手を抜けないことばかりです。

「営業の仕事」一覧

① アポ取り　　　　② 商談
③ 商談資料準備　　④ 顧客分析
⑤ 新規顧客獲得　　⑥ 商品知識深化
⑦ 業界知識深化　　⑧ 他社動向
⑨ 売上伝票処理　　⑩ 雑事務処理
⑪ 社内報告　　　　⑫ 部門間調整
⑬ 提案書作成　　　⑭ 見積書作成
⑮ 各種会議資料作成
⑯ 管理職としての部下管理、育成、教育

これらを日々こなしていくとなると、やはり「やるべきことをすべて書きだす」作業が重要となります。

このように挙げた項目を、

- ☑ 書きだして見える化するか
- ☑ 頭の中だけに留めておくか

どちらが有効であるかは誰が見ても歴然だと思います。

しかしながら、書きだす作業をやろうとしてもできないのはなぜかと言えば、あなたの手帳にはスケジュールと連動させたやるべきことの記入欄がないからです。

　この本のタイトルにあるように、私が１００円ノートをお薦めする理由がここにあります。１００円ノートには無駄な欄がありません。自由に書き込める白紙のスペースがあるだけです。１日の着手事項は２０でも３０項目でも書くことが可能です。
　詳しい使い方は、第３章でお伝えしますが、私の場合、週の初めはまっさらな状態のノートが、日を追うごとにびっちりと書き込まれ、１週間経つと空白欄がなくなるまでになります。

　まずは、書きだすための１００円ノートを準備しましょう。
　最初は、やるべきことがあまり挙がらなくても、「いやいや、まだあるだろう」と、スケジュールを見つめながら頭をひねると、やるべきことがドンドンでてくるから不思議ですよ。

　図表１３を見てください。

- ☑　今日やらねばならないこと
- ☑　これから考えねばならないこと

図表 13

・A社打ち合わせ資料確認	
・F社　〇〇部長TELアポ	
・C社納品物チェック	
・部長懇談用資料作成	
・B社プレゼン資料部長に確認	
・E社　社長へ御礼のTEL	
・下半期の売上草案作り	
・部下5名の役割分担考案	
・新商品プレゼン内容確認	
・A社　売上アップ策検討	
・田舎の母へTEL	
・CDツタヤへ返却（必ず！）	◎重要事項は**赤字**で記入します
・同期会、場所探し	

を書きだしたものです。

　この日は全部で13項目挙がりました。書きだすからこそ、ここまで項目が挙がったのです。F社、E社へのTELは重要ゆえに赤字で記載しました。

第2章　売上アップに欠かせないメモの取り方

ともかく、思いつくままにランダムに書いてください。

仕事の終業時や空いた時間に、明日どうするかを考えて書き連ねていけば良いのです。また、「明日」でなくても、

> ○曜日、□□日には、△△△をしなくては……

と思いついたら、その日付け欄にも記入していきます。

さらに図表１３の下から３つの項目はプライベート事項です。私は、仕事もプライベートもまとめて管理するほうが良いと考えています。自分の行動を一元化するためにも、プライベートも大いに書き連ねましょう。

このように「やるべきことを書きだす」と、漏れを防止し、明確にするほかに、とても重要な効用があります。

会社が休みの日を想定してください。

土日に目覚まし時計をセットする人は多くありません。起きた時間が目覚めの時間となります。普段の睡眠不足を取り戻すように、たっぷりと寝る人が多いですよね。

けれど、起きたらもう夕方。「あ〜、もっと早く起きていれば良かった……」と後悔した経験もあると思います。

また、起きるには起きたが、うだうだと過ごしてしまい、あっという間に1日が過ぎてしまったこともあると思います。
　では、なぜこのようになるかと言えば、「やるべきことが決まっていない」からです。

　「営業がつまらない」「最近、充実していない」「毎日がマンネリ化している」——と言った声をセミナーで受講者から聞きます。なぜ、気分が乗らないのかと言えば、すべきことを把握し、目一杯動こうと決めていないからです。

　日々の活動にハリを持たせる、つまりモチベーションを上げ維持するとは、やるべきことを明確にし、着実に手を打てているという手応えを持つことなのです。その確証が充実感となります。そのためにも、「やるべきことを書きだす」のです。書くことで明確となり、さらに後から「これはできた！」「これはできなかった……」と検証できます。
　つまり、「やるべきことを書きだすこと」は、「モチベーションアップと維持」に繋がるのです。

　まず書いてみてください。そうすれば、確実にハリがでて、仕事への意欲が増すことに気づくはずです。

第2章　売上アップに欠かせないメモの取り方

仕分け、整理整頓の習慣が身につくメモの色分け

　私が３色ペンを使い始めてもう３０年が過ぎます。
　今では家に置き忘れたりすると困惑して、黒ペンだけではノートに記入できなくなってしまいました（笑）。

　私はセミナーで、必ず３色ペンを持っている人を確認します。どうでしょう？
　受講者の４割くらいの方は持っていますが、あとの方は黒ペンのみの場合が多く、黒と赤ペンを別々に持っている方もちらほらいらっしゃいます。
　別に私は３色ボールペンの営業（笑）ではないのですが、私が３色ペンを持つには理由があります。

それは書く事項をカテゴリー分けできるからです。

　例えば、赤字で記入することにより、重要事項だと自らに意識づけができます。あとで手帳やノートを見返した際、「大事だから赤で記入したんだな」と脳に信号を送っているのですね。

　さらに青もよく使います。明日やるべきことではないが、今後、しなければならない準備事項であったり、考えねばならぬ課題や問題点を、青字で箇条書きにしています。

　このようにやるべき事項は、

> 赤＝重要事項、絶対にその日中に着手すること
> 青＝準備事項、課題、問題点、会議式次第
> 黒＝通常の明日やるべきこと

というカテゴリーを意識し、色分けして記入しています。

　今では条件反射のように脳が反応し、色分けされた事項を見るだけでやるべきことを即座に分類、整理できるようになりました。

　また、スケジュールは次のように色分けをして、ノートに記入してます。

赤＝社外	お客様とのアポ	
青＝社内	会議、打ち合わせ等	
黒＝プライベート	友人、知人、一人だけの予定等	

　こうして色分けしておけば、その週のページを開くだけで、お客様とのアポがどの程度占めているか、1週間の営業進捗度が一目でわかりますよね。

　右の図表14、図表15をご覧ください。
　図表14は『スケジュール』、図表15は『やるべきこと』の色分け記入例です。
　図表15では、F社〇〇部長とW社部長へのTELアポを赤で記しています。こうすれば、一目で注意を喚起できますよね。「何をさておき、必ず着手！」と自らに言い聞かせるためとも言えます。

　しかし、何色をどう割り当てようが自由です。
　あなたが分けやすい色分けで、スケジュールややるべきことを記入してみてください。

図表 | 14

	6/15（金）	
	9:00　課長会議	
	13:00　S社プレゼン	
	15:00　Z社納品	
	夕方〜新規開拓準備	
	19:00　後輩、中西と飲み	
		◎色分け 赤 青 黒

図表 | 15

2 ・**F社　○○部長TELアポ**	
10 ・部下5名の役割分担考案	
11 ・新商品プレゼン内容確認	
3 ・部下週報チェック	
4 ・D社プレゼン内容確認	
6 ・A社見積り完成	
8 ・部下、山本への提言内容	
5 ・商品確認	
7 ・先週の売上伝票チェック	◎色分け 赤 青 黒
1 ・**W社　部長へTELアポ**	
9 ・経理より仮払2万円	

第2章　売上アップに欠かせないメモの取り方

いかがですか？　単純な色分けであっても明快ではないですか？　ちょっとした色分けの工夫によって、頭の中が綺麗に整理されていくように感じませんか？

　私がなぜ、３色ペンでの色分けを推奨するかと言えば、

> たった１本のボールペンでも、
> それは『仕分け』の習慣に繋がる

と考えているからです。

　ここで身近な人を思い浮かべてみましょう。
　あなたの周りには机の上が乱雑になっている人はいませんか？
　引き出しを開けたら、書類やら何やらがわけもわからず詰まっている。このような人は分類ができない人の典型的な例ですね。ファイル一つ見ても、仕分けができませんから、いざ、何かの書類を取りだそうとしても、どこにしまったかがわからず、結局、紛失してしまうタイプです。

　研修後にある営業マンのパソコンを見る機会がありました。彼のパソコン画面にはアイコンが何十と並んでいました。私は

この方に、
「〇〇の資料を見せてください」
と依頼しましたが、どこにあるかがわからず、結局5分も待たされました。

　何を言いたいかはおわかりですね。
　パソコンのフォルダー管理一つ見ても、分類仕分けができない人がいるのです。何が重要なのか、そうでないかを判別できないのですね。
　メモの色分けができるようになると、どんな人でも仕分ける習慣が身につきます。資料のカテゴリー分けができるようになり、カテゴリーごとにファイルへ分類できるようになります。そして、時に重要な資料はきちんと特別ファイルとして、保管するようになるのです。

　単なる3色ペンの色分け作業によって、頭の中が綺麗に整理整頓され、『仕分け』の習慣が身につくのです。
　是非とも、3色ペンを使って仕分ける習慣をつけてください。

社内作業を効率的に終わらせる時間割メモ

　社内にいる時は会議を除いてアポはありません。こうした内勤の日こそ、自らの意思で時間を区切って、すべきことを処理していく習慣をつけていくことです。

　営業マンの習性で怖いところは、お客様と接している時だけが営業だと思いがちな点です。

　もちろん、営業は売ってなんぼの職種ですから、社内にいても1円にもなりません。ゆえに、アポのない日は漫然と過ごしてしまう傾向があります。
　かつての私がそうでした。

そこで、会社にいる時に、どうしたら充実した仕事ができるのか、試行錯誤のうえ、時間管理の手法を見出しました。見出したなどと偉そうに言っても、それはごくごく簡単なことです。

図表１６をご覧ください。

図表 | 16

	6/22（金）	
	10:00　マーケットリサーチ	
	（中央区）部下同行	
	PM 社内	
※	午後からやるべきこと	
	・今月売上見込表作成　　　　13:00〜	
	・マーケットリサーチ結果まとめ 14:00〜	
	・新製品説明書まとめ　　　　15:00〜	
	・Z社見積り　　　　　　　　15:30〜	
	・新規TEL作戦　　　　　　　16:00〜	
	・部下報告書熟読　　　　　　18:00〜	

６月２２日の午後はアポが入らず、半日会社にいることになりました。やらなければならない課題は※印の『午後からやるべきこと』リストのとおり、６つあります。

　ここで大事なことは、それぞれの項目の後ろに書いてあるように、時間を割り振ることです。
　この"割り振り"が重要であり、これをしないと、やるべきことを掲げても、はかどらない結果を招いてしまいます。

　何時から何時まで何をするかを細かく決め、やるべき項目によって配分を変えるのです。このようにすると、驚くほど多くの仕事がこなせることがわかると思います。

　時間管理の大切なポイントは、

① 何時から何時まで作業時間が取れるのか？
② どの作業を行なうのか？
③ その作業はどのくらいの時間を要するのか？

おおよその配分を決め、かつ、慣れない人は休憩時間を決めてメリハリをつけることをお薦めします。

私はサラリーマン時代、何が嫌いかと言って、残業ほど嫌いなことはありませんでした。なぜなら、酒好きな私は、部下や取引先との酒宴の重要性（？）を感じていたからです。

　もちろん、好きで残業する人はいないとは思いますが、その日のうちに処理しなければならないことが残っていたら、残業するしかないですよね。

　残業はイヤだと言っても、やることは山盛り。けれど、夜は極力、懇談の場にしたい（笑）。ではどうするか？
　それだけで、昼の仕事をいかに昼の間に済ませるかを考えていたわけです。

　だとすると、効率を上げるしかありません。集中力を増すなどして、処理スピードを速めるしかないと。
　そこで、時間を割り振る術を覚えました。

「なぜ、学生時代はわずか、４５分、５０分の短い時間で１教科を勉強できたのだろうか？
　そうか、学校で決められた時間を強制的にやらされていたからなのか。ならば、自らその強制力をつくってしまえば良いの

第２章　売上アップに欠かせないメモの取り方

ではないか」
と考えたのです。

　同じ人間であっても、終わりの時間を設けることで、その時間内でやり終えようとする意志が働き、もの凄い集中力を発揮できます。
　「よーい、ドン」と時計を見つめながら一つの作業に取りかかります。
　「やばい、あと１０分しかない……」
　この感覚が処理速度を速めてくれます。

　私の仕事のなかには執筆という作業もありますが、出版社から決められた締切の１週間前を、自らの締切として対応していますので、今まで一度たりとも遅れたことはありません。
　これすべて、時間管理のお陰だと、自分で自分を褒めています（笑）。

　ちなみに私は、長い会議も大嫌いです。主催者側の場合は、必ず終わりの時間を決めて、時間配分を行ないます。
　長い時間、会議や打ち合わせをしても、長時間＝有益な結果になるわけではありません。半分は脱線した雑談と言っても過

言ではありません。

　ですから自社のみならず、他社との打ち合わせの際も、開催する前に「何時に終わり」という縛りをつけさせてもらいます。

　皆、忙しいのです。時間を有効に使うという言葉は、会議や打ち合わせにこそ当てはめねばなりません。会議には式次第があるわけですから、内容によって、あらかた時間配分を決めれば、予定時間内に終わらないわけがありません。

　ビジネスの世界でよく言われる言葉に「仕事を頼むのなら、忙しい人に頼め」とあります。忙しい人に頼んだらできるわけがないと一見思いますが、逆なのですね。
　忙しい人は自らの時間管理手法が確立していますから、どんなに、何が追加されても、見事にこなしてしまいます。

　さあ、社内にいる時こそ、時間管理をして、営業で勝つための戦闘態勢を整えてください。

第2章　売上アップに欠かせないメモの取り方

アイディアが浮かぶようになる感じたことメモ

　私が統括部長をしていた時のこと、顧客１件あたりの単価は時代の流れに従い、年々下がっていました。他社も同様で、私がいた業界自体が下降の傾向となっていたのです。
　営業マンの皆が皆、このまま推移するとどうなるのかという不安を抱えていました。

　私はそのころ、何か本業にプラスした売れるシステムはつくれないものかと、常に考えていました。思索メモが縦横無尽に綴られていくものの、一向に解が見出せなかったのです。
　ところがある日、前週記した思索メモを見ている時に、はたと膝を打ちました。

ある新規事業案がそのメモをヒントに閃いたのです。
　それは、顧客の視点を変え、顧客が本当に困っていることは何かを問い続けた結果の産物でした。まだ、同業他社も考えついていないであろう新規事業でした。
　この日から事業化に向けて準備が始まり、2ヶ月後、この事業はスタートを切りました。

　私はこの会社を辞めて独立を果たすのですが、この事業は会社の一角を担うまで発展し、今も売上貢献をしていると、古株の社員から聞いています。

　私は『営業ノート』に漠然とした思いつきや感じたこと、プランを、ただただ書き連ねていっただけです。しかし、それが誘い水となって、大量の水が溢れだしたのです。
　ですから、どんな些細なことでも、つまらない改革プランだと思っても、メモすることです。
　繰り返すようですが、

> 書くことで、
> 明瞭となり、ヒントとなり、
> 解決の糸口を手繰り寄せる

ことになります。
　ですからなんでも書いてください。

　芸人にはネタ帳があり、料理研究家にはレシピがあるように、営業マンであるあなたは、あなただけの営業戦略帳を持てば良いのです。

　図表１７をご覧ください。
　部下への思いがメモしてあります。
　部下・山本は最近、売れていないのに態度は傲慢(ごうまん)と書かれています。
　彼になんとか突破口を開かせたい。逆に、傲慢が売れない理由なのか？　お客様と接する態度も傲慢なのか？――等々。一種、愚痴のようですが、思索の糸口です。

　また、社内営業も営業にとっては大事なことです。
　最近、本部長が社長から吊るし上げに遭いました。
　この事業本部の構成は２部体制、１部の部長である自分にも責任があると感じたわけです。
　本部長は頑張っているのに、社長からどうも誤解を受けているようだ。なんとかしなければ……。オレが本部長を守らなけ

図表 17

- 山本、最近売れないのに傲慢
- 山下、自信喪失
    → オレ、愛情足りないのか

- 本部長、社長から吊るし上げ
    → オレが守らねば
    → どう守るのか
- 売上を示す
- 事業本部の存在をもっとアピール
- 社長と部メンバーの懇談会開くか
- 本部長と差して飲むか＝ガス抜き

れば。ではどう守るのか？ 部の実態を社長にわかってもらおう！ うちの部と社長との懇談会を持つか？ いやいや、その前に本部長と差して飲んで、オレがガス抜きをしてあげねば――等々。思索は続きます。

こんな内容は無論、人に見せるものではありません。私の頭に描いた、漠然とした思いを文字にしただけです。
　しかしながら、こうした思索メモが実に重要なのです。書くことにより、思いは次なるアクションへと繋げられ、やがては昇華していきます。

　アイディアや改善案は、様々な経験値のなかで、元来、あなたの頭の中＝潜在意識に刻まれてはいますが、なかなか表にでてこないものです。けれど、メモ書きすることにより、それが呼び水となって形になります。

　また、こうしたメモは、後でまとめて書こうという性格のものではなく、思いついた時・感じた時に書くことが大事です。
　せっかく思いついたことを忘れてしまったのでは意味がありません。思いついた時・感じた時に必ず書き留めるようにしてください。

　この章の最後に、２０世紀末から２１世紀初めにかけて一世を風靡（ふうび）した使い捨てカメラ（レンズ付きフィルム）誕生の逸話をご紹介しましょう。

カメラ業界は昭和の時代、より優れた機能や性能を追求する流れが主流でした。そのため、カメラは重く難しい操作が必要で、写真は男が撮るものでした。

　そんなころ、あるカメラメーカーの役員は
「果たしてカメラは高機能、高性能で良いのか？」
という素朴な疑問を思索メモとして、綴っていたそうです。

　ある日、彼が公園に行くと、
「写真を撮ってください」
と、子供を連れて遊びにきていたお母さんたちからお願いされました。一人のママが持っていたカメラは自社の製品で、その役員はプロ級の技でスナップ写真を撮ってあげたそうです。
　その時、殴り書きし続けた思索メモは、解決の糸口を見出したのです。
「ママや子供でも撮れるカメラにしなければ駄目なんだ！」
と。
　そこから誰でも簡単に扱うことができ、安価で買うことができる使い捨てカメラ（レンズ付きフィルム）の開発が始まりました。

プロ志向の流れを敢えてアマチュア化し、高級志向のカメラを安価の使い捨てにするという発想が、確かなマーケットをつくったわけです。

　これすべて思索メモのなせる技であり、思索の糸口の果ては、優良な戦略・戦術となることを忘れないでください。

CHAPTER THREE

第3章

売れる！戦略ツール『営業ノート』のつくり方

100円ノートに線を引き、日付けを入れるだけ

この章では具体的に『営業ノート』のつくり方を説明します。

> ① 横に罫線が入っているノート（横書きのノート）を買ってきます
> ② 1ページごとに3本（見開きで計6本）の線を引き、見開き8列の縦列をつくります
> 　＊これで、「月曜〜日曜までの7日分＋フリースペース1列＝計8列」となります

ちなみにコクヨの『統計ノート』（26ページ参照）は最初から縦罫が引いてあるので使いやすいですよ。

図表 18

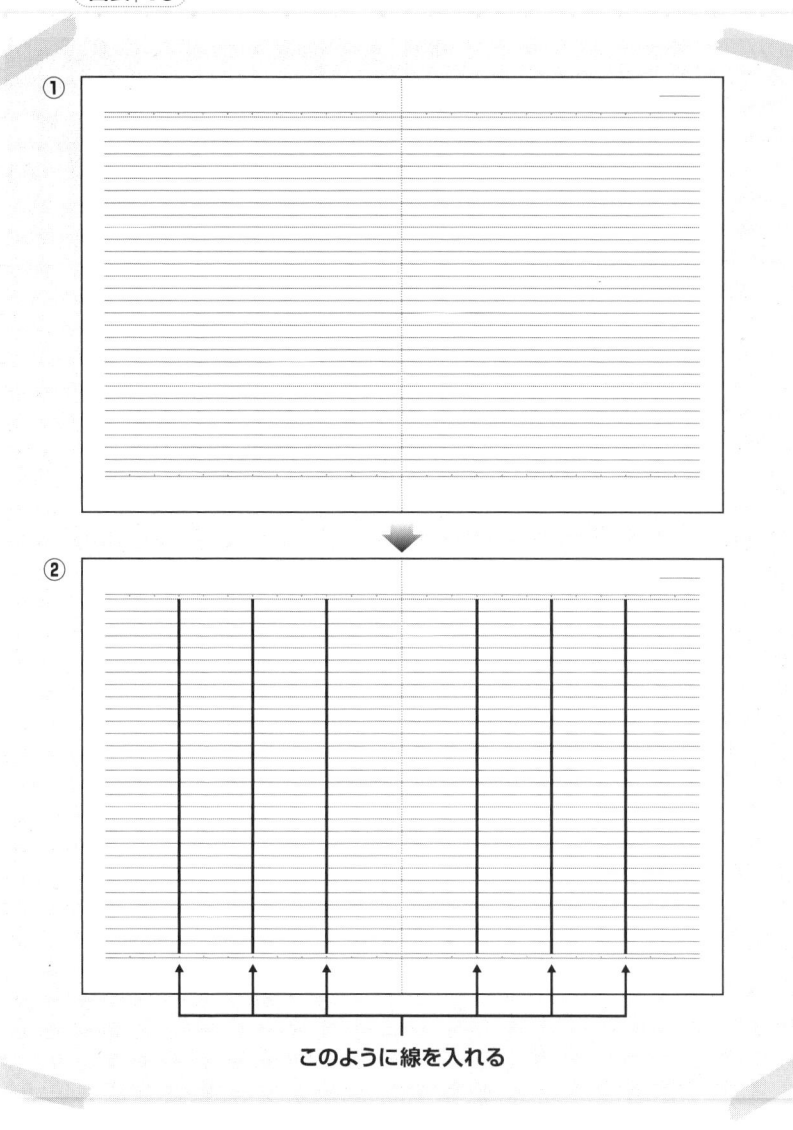

①

②

このように線を入れる

第3章 売れる！戦略ツール『営業ノート』のつくり方

③ 各列の1行目に日付け・曜日を入れ、
1週間ごとに見開きページを変えていきます
＊見開きページの8列目は、日付けを入れず、週間のフリースペースに。
＊ノートの後ろから10ページくらいは、全てに日付けを入れず、空白のままフリースペースにしておきます
④ 次に上から5～7行目くらいに横線を入れます
＊これによって、スケジュール欄（上段）とやるべき欄（下段）を分けます

以上、これだけで完成です。

図表 | 19

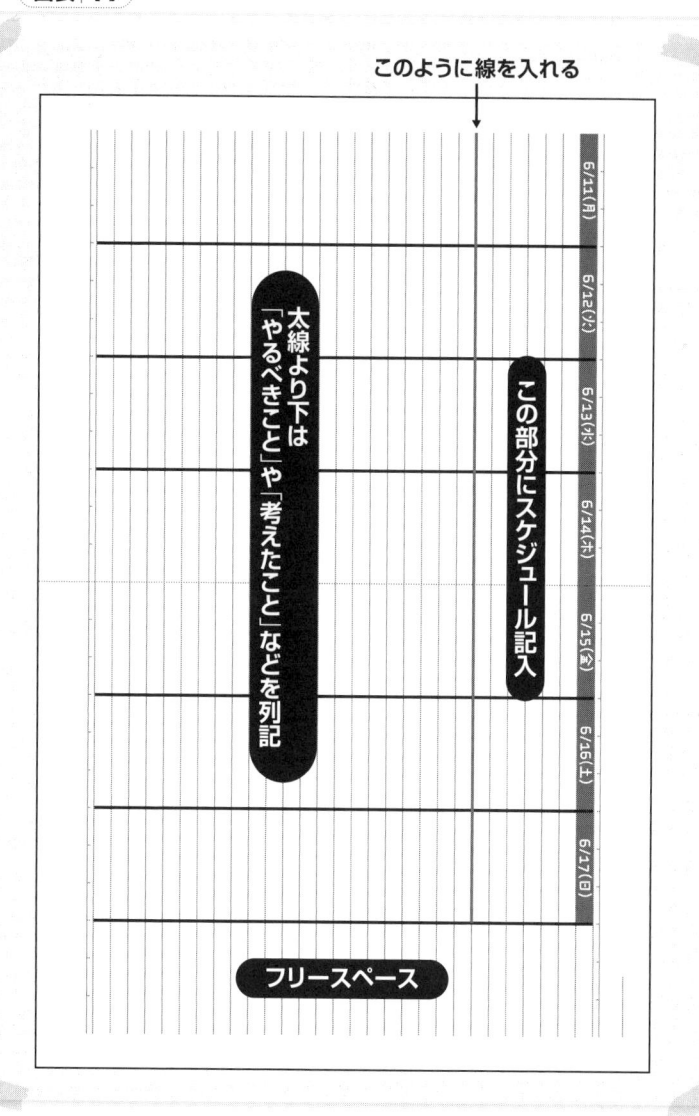

このように線を入れる

6/11(月)
6/12(火)
6/13(水)
6/14(木)
6/15(金)
6/16(土)
6/17(日)

この部分にスケジュール記入

太線より下は「やるべきこと」や「考えたこと」などを列記

フリースペース

第3章　売れる！戦略ツール『営業ノート』のつくり方

スケジュールを色分けし、社内・外・プライベートを可視化する

① 決まっているアポを日付けごとに記入します

必ずしも時間ごとに記入する必要はありません。確定した順で良いのです。

② 3色ペンにより、自らのカテゴリーを決め、
　　色分けを行なってください

前述（92ページ）したように、赤＝社外アポ、青＝社内、黒＝プライベートのようにすると、わかりやすくなりますね。

図表 20

6/11（月）	6/12（火）	6/13（水）
8:30　全体朝礼	11:00　D社プレゼン	10:00　H社プレゼン
9:00　課ミーティング	12:00　D社社長と昼食	17:00　I社納品
10:30　A社打ち合わせ	15:00　E社訪問	
13:30　B社プレゼン		18:30　同僚と飲み会(赤坂)
15:30　C社納品	19:00　井上と飲み(渋谷)	
19:00　部下 山下と懇談		

◎色分けの例：**赤（社外事項）**
　　　　　　青（社内事項）
　　　　　　黒（プライベート）

　当たり前のことですが、営業は社外アポをいかに増やすかがポイントです。色分けすることで、1週間ごとの赤スケジュールが何件になったか、視覚的に認識でき、自身の励みになります。

第3章　売れる！戦略ツール『営業ノート』のつくり方

前日にやるべきことを
リストアップ
未処理事項の繰り越し
も忘れずに

① 線で区切ったスケジュール欄の下のやるべき欄には、その日やるべきことを箇条書きにします

　前日に、翌日のアポ表にそって一つひとつの事項を関連させ、やるべきことを思い浮かべ、記入する習慣をつけてください。
　こちらも時間軸は気にせず思い浮かんだ順に、いくつ書きだすことができるか一つでも多く挙げるつもりで書きましょう。

② 翌日以降の日でも、やらないといけない日が決まっていることは、その日付け欄に書いておきます

図表 21

6/11（月）	6/12（火）
・A社打ち合わせ資料確認	・F社 ○○部長 TEL アポ
・F社 ○○部長 TEL アポ	・部下5名の役割分担考案
・C社納品物チェック	・新商品プレゼン内容確認
・部長懇談用資料作成	・部下週報チェック
・B社プレゼン資料部長に確認	・D社プレゼン内容確認
・E社　社長へ御礼のTEL	・A社見積り完成
・下半期の売上草案作り	・部下、山本への提言内容
・部下5名の役割分担考案	・商品確認
・新商品プレゼン内容確認	・先週の売上伝票チェック
・A社　売上アップ策検討	**・W社　部長へアポTEL**
・同期会、場所探し	・経理より仮払2万円
・田舎の母へ TEL	・部下、○○誕生日プレゼント購入
・CDツタヤへ返却	・新刊本発売、購入
	・定期購入（スイカ）

着手事項

◎重要事項は**赤字**で記入します
◎考えねばならぬことは青字で
◎明日やることは黒字で
　記入するとわかりやすくなります。

※あなた自身の色分けカテゴリーを決めましょう

第3章　売れる！戦略ツール『営業ノート』のつくり方

右の図表２２に記入例を示しましたが、当日はまず、４９ページでご紹介したように

> ① やるべきことに優先順位をつけ、ナンバーを振ります
> ② 処理したら、ナンバーと項目の間に黒丸（●）をつけるなど、完了したことがわかるように順次チェックを入れます

但し、

> ② その日に着手できなかった項目がでた場合は、翌日欄に同じことを記入します

　この作業は大事ですので、『未処理事項の繰り越し』を忘れないでください。

図表|22

※未着手事項は明日へ繰り越します。

6/11（月）	6/12（火）
3 ● A社打ち合わせ資料確認	2・F社　○○部長TELアポ
4・F社　○○部長TELアポ	12・部下5名の役割分担考案
1 ● C社納品物チェック	13・新商品プレゼン内容確認
5 ● 部長懇談用資料作成	10・部下5名の役割分担考案
6 ● B社プレゼン資料部長に確認	11・新商品プレゼン内容確認
2 ● E社　社長へ御礼のTEL	3・部下週報チェック
	4・D社プレゼン内容確認
7 ● 下半期の売上草案作り	6・A社見積り完成
8・部下5名の役割分担考案	8・部下、山本への提言内容
9・新商品プレゼン内容確認	5・商品確認
10 ● A社　売上アップ策検討	7・先週の売上伝票チェック
	1・W社　部長へアポTEL
	9・経理より仮払2万円

第3章　売れる！戦略ツール『営業ノート』のつくり方

準備すること・考えることは、まずタイトルを書いておく

商談や打ち合わせ、会議の日程が決まったら、その日のスケジュール記入とともに、前日日付けの『やるべき欄』下方に、準備事項を常に書く習慣をつけましょう。

① 商談・会議前日のやるべき欄に、前もって
『○○社商談（○○会議）準備事項』と
タイトルを書いておきます
＊アポが入った時点で記入しておきましょう
② タイトルを書いた時点ですでにわかっている
準備することをタイトル下に箇条書きにしていきます

図表 23

課ミーティング準備事項

↓

課ミーティング準備事項
・売上データ6月中間まで
・会社通達事項コピー5部
・新商品カタログ5部
・新商品サンプル
・週報3週分
・
・
・

第3章 売れる！戦略ツール『営業ノート』のつくり方

前ページに示した図表23の順序です。この時は、予め思いついたことを記入したところ、全部で5項目ありました。

下の図表24はその後、追加しなければならない項目を書き足したものです。

図表|24

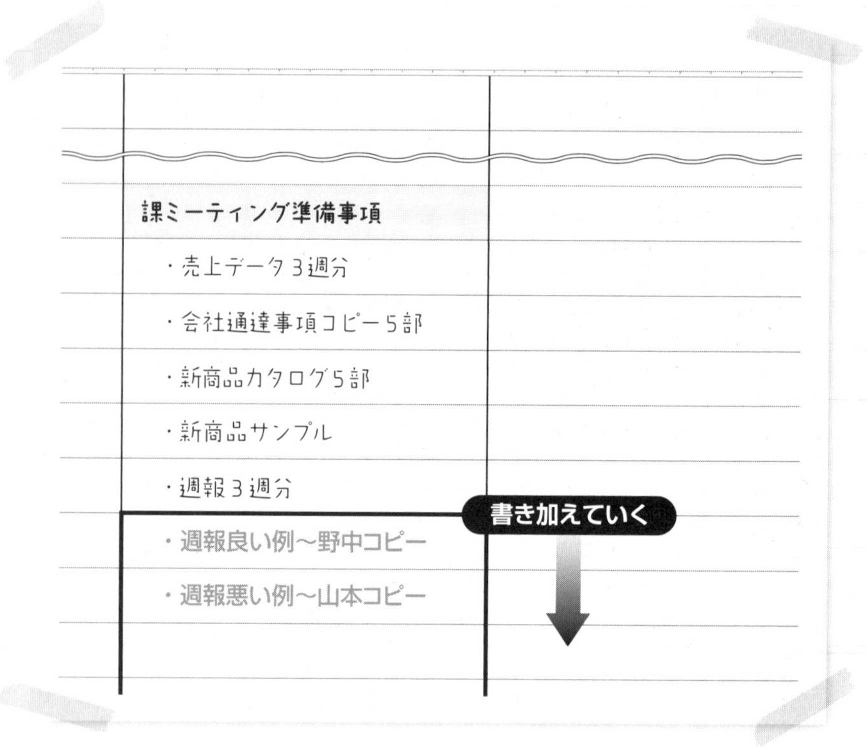

課ミーティング準備事項
- 売上データ3週分
- 会社通達事項コピー5部
- 新商品カタログ5部
- 新商品サンプル
- 週報3週分
- 週報良い例〜野中コピー
- 週報悪い例〜山本コピー

書き加えていく

このように、予めわかっている内容は先に書き、その後、継ぎ足していくやり方を取ると、漏れがなくなり、万全の体制となります。

また、課ミーティング準備事項から図表25のようにミーティング当日の式次第へと発展させます。

図表|25

課ミーティング準備事項	
・売上データ3週分	
・会社通達事項コピー5部	・課ミーティング式次第
・新商品カタログ5部	・5名の部下から1週間の報告
・新商品サンプル	・6月中間での売上見込み
・週報3週分	・新商品のプレゼン角度検討
・週報良い例〜野中コピー	・会社全体の伝達事項
・週報悪い例〜山本コピー	・部長よりコメント
	・部下、山本へ総括

営業活動を行なっていくうえで、考えねばならない課題・問題点を書くことの重要性は何度も繰り返してきましたが、これらもやるべき欄の下方や８列目のフリースペースに、思いついた時に記入しましょう。

　方法は、会議・ミーティングの場合と同じで、まずタイトルだけを図表２６①のように書きだします。
　そして、順次②のようにそのタイトルについて、考えたこと・思いついたことなどを箇条書きにしていきます。

　タイトルをまず書くことで、課題・問題点を明確に認識でき、自然と思考するようになります。

　準備することも考えることも、頭の中だけで漠然とわかっているつもりではなく、書きだすことで明確に認識するようにしてください。

図表 26

①

6/11 (月)	6/12 (火)	6/13 (水)	6/14 (木)
	D社社長打ち合わせ内容		課長会議準備事項
課ミーティング式次第		なぜ売上があがらない？	

最初は考えねばならない
タイトルのみ書きます

②

	D社社長打ち合わせ内容		課長会議準備事項
課ミーティング式次第	・見積りの確認	なぜ売上があがらない？	・売上データ
・5名の部下から	・体制のチェック	・訪問件数は先週、	・今月の個人、課、
1週間の報告	・納期確認	課で35件	着地予想
・9月中間での	・トップ会談の	→少ない、	・商品群分析
売上見込み	日程調整	前月比70%	・個々メンバーの
・新商品の	・接待日の確定	・部下の同行少ないか	課題抽出
プレゼン角度検討	・新製品サンプル	・新規開拓の	・会社への提案事項
・会社全体の伝達事項	送付是非	フィールド見直し	・ボーナス
・部長よりコメント	・	・商品知識不足	査定表草案
・部下、山本へ総括		→勉強会必要か	・デモ機貸し出しの件
		・	

順次、詳細を箇条書きしていきます。

第3章 売れる！戦略ツール『営業ノート』のつくり方

書いたり、貼ったり、なんでもOK！フリースペースはあなたのネタ帳

　『営業ノート』の後ろ１０ページほどは日付けを入れず、フリースペースにしておきます。殴り書きもOK、汚くてもOK、ともかく考えていることをランダムに書いてください。

　図表２７はその一例です。
　この他にも、第６章で使用例を挙げましたので、参考にしてください。また、気になる商品や上手い！と思ったキャッチコピーが書かれたチラシを切り抜き、貼っても良いでしょう。
　『営業ノート』は誰に見せるわけでもありません。とにかく自由に使って、あなただけのネタ帳＝アイディア帳にしていきましょう。

図表 27

A社の社内体質
- 社員数、売上規模からしたら、まだまだ伸ばせる
- 担当○○課長から部長を紹介必要
- 部長同行してもらう必要あり
- 来年1月より大きな注文の予感あり
- 今月あと300万円の受注もらえるか
- →再度、見積りの提出必要
- →接待の場も必要
- →大幅値引きの提案もありか？

6月着地予想　個人

	6/15現在	見込	
A社	340万	88万	(可能性90%)
B社	128万	93万	(〃 70%)
C社	58万	45万	(〃 70%)
D社	38万	11万	(〃 70%)
E社	29万	9万	(〃 70%)
F社	18万	7万	(〃 50%)
G社	9万	2万	(〃 50%)
計	620万	255万	

新規

井上商事	100万	7月以降か
エスペランス	150万	8月には
ノートル	80万	今月中に入るか
コエンジニアリング	80万	未定
	410万	

新規攻略の糸口
○井上商事
- 担当課長から部長を紹介してもらう
- 受注を早めるために必要性を別な資料にて展開
- サンプル品を今月中に持参
- 一度、接待の場を作るか

第3章　売れる！戦略ツール『営業ノート』のつくり方

100円ノートが1週間後には『戦略ノート』に変貌

　『営業ノート』をつけ続けていくと、最初のころは白紙のページが多かったものが、コツがわかっていくに従い、びっちりと文字で埋まるようになります。

　これはひとえに思索量が増えた証であり、あなたの考え方が深化したことを意味します。

　中身がどうあれ、あなたが日々書き込んだ軌跡は、確実に状況を変えていきます。数々のアクションプランが効果的な打撃となり、売上ヒットを生むわけです。

なぜなら、今までスケジュールしか書いていなかった人が、「明日」を意識し、可能な限りの準備をしようとするわけですから、売上に変化が起こらないわけがありません。

　私はこのノートをつけ続けてきて、一つの面白い現象を発見しました。

　それは、1週間単位の見開きページを埋める文字量が多い週は、間違いなくことが進展しており、逆に少ない週は停滞している、というまさに

文字量と進展度合いが比例する

という現象です。

　私はそれがわかっているだけに、できるだけノートに書き込もうと努めます。
　単に書き連ねようとする行為が、思索を深め、戦略を生みますから本当に不思議ですね。

　次ページの図表28をご覧ください。

図表 | 28

日付	6/11（月）	6/12（火）	6/13（水）	6/14（木）
スケジュール	8:30　全体朝礼 9:00　課ミーティング 10:30　A社打ち合わせ 13:30　B社プレゼン 15:30　C社納品 19:00　部長と懇談	11:00　D社プレゼン 12:00　D社社長と昼食 15:00　E社訪問 17:00　部長とG社同行	10:00　H社プレゼン 17:00　I社納品 18:30　同僚と飲み会	9:00　課長会議 13:00　S社プレゼン 15:00　Z社納品 夕方〜新規開拓準備 19:00　後輩、中西と飲み
着手事項	3●A社打ち合わせ資料確認 4・F社 〇〇部長TELアポ 1●C社納品物チェック 5●部長懇談用資料作成 6●B社プレゼン資料最終確認 2●**E社 社長へ御礼のTEL** 7●下半期の売上草案作り 8・部下5名の役割分担考案 9・新商品プレゼン内容確認 10●A社 売上アップ策検討 ●田舎の母へTEL ●**CDツタヤへ返却（必ず!）** ●同期会、場所探し	2・F社 〇〇部長TELアポ 10・部下5名の役割分担考案 11・新商品プレゼン内容確認 3・部下週報チェック 4・D社プレゼン内容確認 6・A社見積り完成 8・部下、山本への提言内容 5・商品の確認 7・先週の売上伝票チェック 1・**W社 部長へアポTEL** 9・経理より仮払2万円 ・部下、〇〇誕生日プレゼント購入 ・新刊本発売、購入 ・定期購入（スイカ）	・先週分売上伝票経理へ提出 ・部下、野中の低迷理由分析 ・総務部長へ挨拶文渡し ・B社部長へ御礼メール（午前処理） ・納品物確認 ・J社部長へTEL 5時に ・名刺発注100枚 総務へ ・課長会議資料作成 **13:30〜15:30 やるべきこと** ・13:00〜商品チェック ・13:30〜原価表修正 ・14:00〜プレゼン資料追加 ・14:30〜見積り書追加 **H社プレゼン準備** ・資料5部 ・見積り最新版 ・価格表改定版 ・業界紙3枚コピー ・知事の推薦文　原紙持参	・**B社社長へ御礼 TEL** **新規開拓準備** ①チラシ100枚 ②中央区日本橋住宅地図 ③アンケート用紙100枚 ④マーカー5色 ⑤デモ機1台〜技術より借り
準備事項　考えること	・課ミーティング式次第 ・5名の部下から1週間の報告 ・9月中間での売上見込み ・新商品のプレゼン角度検討 ・会社全体の伝達事項 ・部長よりコメント ・部下、山本へ総括	D社 社長との打ち合わせ内容 ・見積りの確認 ・体制のチェック ・納脳確認 ・トップ会談の日程調整 ・接待日の確定 ・新製品サンプル送付是非	**課長会議準備事項** **なぜ、売上があがらないのか** ・訪問件数は先週、課で35件 ・少ない、前月比 70% ・部下の同行少ないか ・新規開拓のフィールド見直し ・商品知識不足・勉強必要か	・売上データ ・今月の個人、課 着地予想 ・商品群分析 ・個々メンバーの課題抽出 ・会社への提案事項 ・ボーナス査定表草案 ・デモ機貸し出しの件

130

6/15（金）	6/16（土）	6/17（日）	S社攻略、深堀の手立て
10:00　マーケットリサーチ	10:00　スポーツジム	12:00　図書館	・渡部部長ともっと親密に
（中央区）部下同行	14:00　彼女とデート（渋谷）	17:00　親友、藤田と飲み（池袋）	・担当部下の交代
			→山本から飯島へ
PM　社内			・次なる受注計画の練り直しが
			・1回の発注量を2倍
			そのために
・F社見積り郵送	・来週の会議資料作成		①ストック在庫の重要性注足す
・	・評価制度草案作成		②市場拡大の提案
午後からやるべきこと	①評価表へコメント		③サンプル品の増加
13:00～今月売上見込表作成	②算出根拠列記		
14:00～マーケットリサーチ結果まとめ	③点数見直し		
15:00～新製品説明書まとめ	④各個人、課題抽出		
15:30～Z社見積り			
16:00～新規TEL作戦			
18:00～部下報告書熟読	部下評価点数 一半期ボーナス査定		・山本、最近売れないのに傲慢
	山下～56. 72. 45. 総合57B		・山下、自信喪失
	飯島～77. 79. 83. 総合79A		→オレ、愛情足りないのか
	野中～55. 57. 48. 総合53B		
	山本～38. 47. 49. 総合44C		
新規TEL作戦リスト	熊田～81. 80. 77. 総合79A		
・山岡商会			
・五尾産業			・部長、社長から吊るし上げ
・井上テック			・オレが守らねば
・トラスト	ジム メニュー今週追加分		→どう守るのか
・エース.カンパニー	①ランニング10キロ挑戦		・売上を示す
	②水泳平で500メートル追加		・部の存在をもっとアピール
	③ウエート50キロ10回挑戦		・社長と課メンバーの懇談会開くか
			・部長と差しで飲むが～ガス抜き
	・今月出費～やばい使いすぎ		
	・6/20 課飲み会　5000円		
	・6/24 後輩淫田飲み 4000円		
	・KARA CD 4500円		
	計 13500円		

第**3**章　売れる！戦略ツール
　　　　　『営業ノート』のつくり方

これは1週間の『営業ノート』です。

慣れてくると、このような形でノートが埋まるようになります。とても無理だと思うかも知れませんが、すぐに書けるようになるから安心してください。

そして、時々、書いた内容を眺めると、あなたの頭の中は、思索で溢れんばかりになるだけでなく、行動を伴うようになります。

思索と行動、この繰り返しのリズムが楽しい営業を現出し、効果的な戦略を生みます。

戦略というと非常に堅苦しく、難しく考えがちですが、

戦略ノート≒箇条書きの日記

と思えば良いわけで、つれづれの随想とでも言いましょうか、思いついた時のメモです。

『営業ノート』は見開きで1週間単位となっていますので、私はことあるごとに前の週のメモを見たりします。

すると、そこには先週までの思索メモが綴られていますから、その続きを今週の欄に書き足し、思索はドンドン膨らんでいきます。
　この時、大切なのは「箇条書き」であることです。

> 箇条書きの良い点は、
> ポイントを絞った書き方であること

です。
　文章にすることも大事ですが、要はポイントがわかれば良いのであって、骨子が大事なのですね。
　箇条書きとは、解説書の目次のようなもので、例えば本書のようなビジネス本も同じで、目次を見ればあらかたの内容がつかめるわけです。

　私の研修講座のなかには『上手い文章の書き方』という講座があります。その名のとおり、どのように文章表現をしたら良いかという講座です。
　まず書きたいテーマを１０個箇条書きにしてもらいます。次に
「そのなかから一つ選んで、文章を書きましょう」

と言って、だいたい800字程度、原稿用紙2枚分くらいの文章を書いてもらいます。

　この時、いきなり書きだす人がいます。すると私は、
「はいストップ！」
と止めてしまいます。受講者は「え？　どうして……」と必ずキョトンとした顔をします。

　いきなり手を止められた意味がわからないからです。

　どうして止めるかというと、「何を書くのか、まずはポイントを列記させる」ためです。

　ポイントがないと、わけのわからない支離滅裂な文章となって、ただ文字を連ねているだけのものになってしまいます。

　ですから、『営業ノート』に箇条書きする習慣をつけることで、的確に状況のポイントがつかめるようになります。

　例えば、売れない原因を分析する際、①『訪問件数の減少』と書けば、自ずと先月比、先週比、部課員同士の比較と、タイトルだけで思索は広がっていきます。
　②『新規開拓のフィールド見直し』と書けば、ターゲットとしている客層が良いのか、悪いのか、フィールドという言葉に

集約されるわけです。

　あなた流で構いません。
　さあ、是非とも、あなただけの『営業ノート』をつくり込み、１００円ノートを売上アップの戦略ツールへと進化させていってください。

column1 売上目標を楽々クリアーする意識改革～個人編～
目標は、1.2倍の数値を思い込む！

あなたに課せられた今月の売上目標は、月間1,000万円です。

営業マンは誰でも目標を達成するために頑張るわけですが、売上が低迷している今、この1,000万円という数値はプレッシャーとなって、あなたを苦しめています。

そんな時、私は次のように売上目標を自分のなかで捉えるようにしています。

① 売上目標を1.2倍する

1,000万円の目標を1.2倍して、1,200万円にします。会社から求められた数値より、多めの数値を敢えて自身に課してしまいます。

そして、1,000万円を頭から消去し、1,200万円をインプットします。

最終週はないと思うこと！

　すると、目標達成するための日々の活動は１，２００万円に向けての動きとなり、目標より２００万円アップの仕込みが始まります。

　「そんな単純じゃない」
と言われそうですが、人間の心理は意識の持ち方によって変わります。
　仏説に『一念三千』という言葉があります。
　「あなたの今の心」＝「一念」であり、それがすべてに波及するという生命の法則です。意識を変えることからすべては始まるのです。
　こんなことで売上が上がるなら儲けものくらいの気持ちで構いませんので、是非一度、この「１.２倍」を試してみてください。
　但しその際には、１.２倍した売上目標を心の底から真の売上目標だと思い込んで、実行してくださいね。

　さらに私は次のように心がけています。

② 月間売上目標を4週で割るのではなく、3週で割る

　今、あなたの月間目標は1,200万円ですので、3週で割って週400万円目標とします。

　月間目標を3週で割るのは、常に前半で数字を稼ぐように仕向けるためです。
　4週で割って1週300万円とする通常の方法では、最終の4週目で貯金がない場合、あと300万円売上を取らないといけないとプレッシャーを感じて、商談に余裕がでず、焦って契約を迫るようになります。

　できるだけ月の前半、1～2週で前倒しするように意識し、3週で追い込むと思ってください。すると、最週終は精神的にも楽になります。

　こうしたリズムができると、目標はあなたにとってプレッシャーではなく、楽しみに変わっていきますよ。

CHAPTER FOUR

第 **4** 章

売れる営業マンとなる
ために大切なこと
〜なぜ１００円ノートで
売上が伸びるのか〜

「見込み客」を増やさない

　営業にとって、後手になってしまうか・先手を打てるかで、売上は大きく変わります。

　ところが何が先手で、何が後手なのかが、わからない人もいます。営業における

> 先手とは、顧客のリアクションを予測し、そのために必要なあらゆる準備を施すこと
> 後手とは、起こった事態が予測できず、未然に手を打てなかった状況

をさします。

売れていない営業マンを見ると、ほぼ後手になっていることが多いのですが、理由は簡単です。

　顧客との商談に際し、予測を立てることをしないからです。

　ただなんとなく商談が始まり、なんとなく終わり、契約に至りません。そうやって、見込み客だけはたくさん抱え込んでいきます。

　私の顧問先の営業マンでも、見込み件数でいうと、売れていない営業マンの方が圧倒的に多い傾向があります。

　アポを取り、プレゼンを行ない、価格提示をし、その結果、「検討します」となります。
　そこから、アクションを起こさず放置してしまうからです。

　営業は、実はここからが勝負なのです。
　しかし、売れない営業マンは、刈り取るための技や工夫を駆使しません。もっと言えば、どのように攻めたら良いかの知恵が働かないのかも知れないですね。

第**4**章　売れる営業マンとなるために大切なこと
　　　　〜なぜ１００円ノートで売上が伸びるのか〜

どんな業種の営業でも、顧客は
「はい、良い商品ですね。買います」
などと言いません。たとえ、良いなと思っても、
「検討します」
「会議にかけます」
「主人に相談します」──
というように購買意識を一旦、引き戻す習性があるからです。

　「アプローチもプレゼンテーションも問題ないのに、クロージングが弱くて契約にならないのですよ」
と、セミナー受講者からよく言われます。

　「クロージングの問題」＝「契約行為の押しが強い・弱い」
ではないのです。

　実は、

> クロージング以前に問題があるから契約にならない

のです。

どれくらい

- ☑ 顧客や担当者と友好的な関係を結んでいるか
- ☑ 相手の（社内）事情を理解しているか

商品の特性を魅力的に紹介するために、

- ☑ どんな資料を用意すべきか
- ☑ どのように見せたら良いのか
- ☑ 自社の優位性をどのように訴えれば良いのか

チェックしなければならないポイントは多々あります。

このような契約のプロセスを考えもせずに、ただなんとなく商談を繰り返す営業マンがなんとも多いものです。

考える習慣づけの必要性を前出しましたが、考えていないから、見込み客だけが量産されていき、毎回の会議で上司から突っつかれながらも、「今週も進捗なしです」としか言えません。

もう、このような"見込みスパイラル"からいち早く脱出しなければなりません。

以前、私の顧問先でこんなことがありました。

ある営業マンが、営業会議の席で部長から気合を入れられていました。訪問件数はダントツ、決してサボっているわけではありません。しかし、一向に売上が上がらないようです。
部長は、とうとう業を煮やし、
「お前は人工衛星か！ ただ回るだけなら誰でもできるんだ！」
と、それはそれは大変な剣幕でした。

総括のやり方は別にして、「人工衛星」とは実に的を射た言葉だなと私は感心してしまいました。

訪問する行為は、もちろん営業マンにとって生命線ではありますが、ただ回っていても駄目なわけですね。
それがルート営業であればあるほど、毎回、定期的に訪問する際に、

- ☑ 何か良い提案はないか？
- ☑ 当てはまる商品はないか？

を考えて動かなければなりません。

では、どうしたら良いのでしょうか？
それには、明日やるべきことをひねりだす習慣をつけることです。

> 「明日やるべきことをひねりだす」とは
> 「明日、何の手を打つのか考える」こと

です。

やるべきことを列記する日々の繰り返しのなかで、考える"習慣"が芽生え、顧客像が見えてきて、提案のスタイルが浮かびます。

営業のセンスが短日月にアップすることはないのですが、何をどう詰めるかの思索の積み重ねによって、必ず、契約のツボや落としどころがわかるようになります。
すると、これまではなかなかできなかったクロージングまで、徐々にたどりつけるようになります。無駄に見込み客ばかり増やす"衛星"営業から脱することができるのです。

売上は、商品が つくるのではない

　よく人材を育てる要諦として、「育てたい人との絶対的な対話の時間を設ける」ことが挙げられています。

　部下を育てるためには、

> 接する時間を増やし、自分の考え方を理解させ、
> 向かうべき方向性や目標、さらには目標達成の
> プロセスを共有させる

ことだと言われています。
　これは取引先にも当てはまります。

法人営業を例に取りましょう。

　今、あなたの抱えた取引先が１０社だと仮定します。

　どの取引先も売上Ａランクであれば、何も悩むことはないのですが、１０社が１０社ともＡランクなど、あり得ません。

　Ａランクが３割、Ｂが４割、Ｃは３割といったところでしょうか。

　売上を増やそうと考えた場合、もちろんあなたが携わっている商品の傾向によって異なってきますが、新規顧客を増やし、顧客を１０社から２０社にするという単純な考えもあります。けれど、そう易々と新規獲得はできないものですね。

　であるならば、今ある既存客の売上をもっと増やし、１社あたりの売上単価を上げれば良いわけです。

「そんな簡単にできたら苦労しないですよ」

との声が聞こえてきそうです。

　売上を伸ばす大事なポイントは、

どのくらい、きめ細かなフォローをしているか

にかかっています。

では、きめ細かなフォローとはなんでしょうか？

もう一度、冷静に既存客へのフォロー体制を見つめてください。

例を挙げて、説明しましょう。
今、あなたの取引先のＡ社は月間１，０００万円の売上があります。

売上１，０００万円は果たしてＡ社からするとＭＡＸ値なのかを考えるべきです。

我が社にすれば大きな仕入れをしてくれているが、Ａ社の規模からすると、どうもその倍はありそうだ。そうすると、Ａ社は別な同業他社から同額の仕入れをしてはいまいか？

まず相手の状況を把握するところから始めます。その際、発想の転換をしなければなりません。
つまり、

> 「1,000万円もうちから
> 仕入れてくれている」ではなく、
> 「1,000万円しかない」と考える

ことです。

　まだまだ我が社の入り込む余地はある。では、どうしたら、もっと入り込めるのか。

　そこで、

---

① 商品提供のしくみを全チェック
② 担当窓口との親密度、人間関係の総洗いだし
③ ＋αの付加価値の有無
④ 先方が望むサービス内容の見直し

を改めて書きだしてみることです。

　『営業ノート』になんでも良いですからランダムに箇条書きにします。すると、完璧な付き合い方をしているという自負は、独り合点だったと気づきます。

　Ａ社との付き合い方の甘さが見え、月1,000万円の数字は、単に自己満足していたに過ぎないことがわかるはずです。

第４章　売れる営業マンとなるために大切なこと
　　　　～なぜ100円ノートで売上が伸びるのか～

私は営業コンサルタントをする際、まず最初にその企業の取引先別売上データを見せてもらいます。
　そして、様々に質問を重ねていくと、よくこうしたエアーポケットを発見します。

> **どこにどのくらいの力を注げば売上が伸びるのか**
> **どこの会社をテコ入れすることが、ベストなのか**

を正確に把握することが伸び悩みを解消する第一歩です。
　すると、Ａランク会社はもう売上限界値であったり、逆に営業のフォローが足りないだけの理由で、Ｂランク、Ｃランクになっている取引先も少なくありません。
　今一度、すべての既存客を見つめ直してください。それが済んだら次に、

① どこをテコ入れするか
② 従来のフォロー体制の見直し
③ 新たなフォローとは何を施せば良いか
④ いつから実施するか

を考えていくことです。

『営業ノート』に取引先ごとのこうしたポイントを書き連ねてください。惰性や慣習にごまかされていた自身を発見するはずです。力の入れ具合の誤りに気づき、フォロー内容が変わります。

　きめ細かなフォローには「これで良し」とする際限はありませんし、「会社」対「会社」の取引といっても担当者同士の信頼関係で繋がっているわけです。

> 顧客は、商品よりも
> あなたのフォローを望んでいる

のです。

　さあ、従来のフォロー体制をすべて棚卸して、心機一転、新たなフォロー体制を整えてみてください。
　その際、必ず『営業ノート』が戦略ツールになってくれます。

お客様ではなく、自分の都合でアポを取る

ここでは、アポの取り方について述べましょう。

中途半端に1日に午後の1件のみというアポを入れてはなりません。昼前に会社をでて、社に戻るのは午後3時、こんなアポの取り方をしていたら、一向に売上は伸びません。

売れない営業マンに見る典型的な悪いアポの取り方です。

もっと酷い例は、午前10時、午後3時というアポを平気で入れてしまうことです。こんな日は会社に戻ったり、またでかけたりと、まったく茶番のような非効率な動きとなります。

なぜ、こうしたアポを入れてしまうのでしょうか？

それはお客様の都合に合わせてアポを取るからです。
「いやいや、お客様がどうしても〇日△時でないと駄目だと言うので……」
と言う声を、よくセミナーで受講者から聞きます。果たしてそうなのでしょうか？

では、効率的なアポを入れる秘訣をご紹介しましょう。
一言で言えば、

> **アポはお客様の都合に合わせては駄目**

だということです。
「え？　何を言っているのかわかりません」
と反応されそうですね。
「忙しいお客様が、この日時しかないと言っていますから」
と。

一見すれば、アポはお客様の都合で確定するように見えます。しかし、それはまったくの間違いです。

売れる営業マンは、ある日はアポを午前9時、11時、午後1時、午後3時、午後5時と集中的に5件入れたりします。
　なぜ、2時間おきにスムーズにアポが入れられるのでしょうか？　売れない営業マンは知る由もありません。

　アポを取る際、お客様主導のように見せながらも、実は自分のスケジュールに合わせているからです。

　よく、私の顧問先で営業の方がアポを取るのを聞くことがあります。用件を伝え、最後にアポを確定させる際、このように尋ねます。
「では、○○部長、今週はいつでしたらお時間大丈夫ですか？」
と。すると、
「いやいや、今週は忙しいから駄目だよ」
「では、来週でしたら、いつがよろしいですか？」
と聞いても、
「今月は一杯一杯なんで、月が変わったら、また連絡してもらえないかな」
と。
　これこそ断り文句なのです。
　そして結局、アポが取れずに終わってしまいます。

では、どのようにしたらアポは取れるのでしょうか？
ここが大事です！

私の手法は、

> 「○○部長、明後日の１５日の午後、そちらの近くに伺う予定があるのですが、３時くらいはいらっしゃいますか？」
> と日時指定の迫り方をします。すると、
> 「３時は会議が入っていて……」

ときますので、間髪入れず、

> 「では５時はいかがでしょうか？
> 　それとも１６日の午前中でも構いませんが。」

と、具体的な日時指定を２つの選択肢を挙げて尋ねます。
アポ取りのポイントは、

> **予定がガラガラだったとしても、敢えて日時指定をする**

ことです。

間違っても、
「来週、私はまだスケジュールはすべて空いていますから、いつでもOKです」
などと言ってはいけません。
　お客様は、「売れていないから暇なんだな」と見抜きます。日時指定することで、「忙しいのは売れているからか」と素朴に思うわけです。

　よろしいですか？

> **アポ取りは相手の都合を聞くのではなく、
> こちらから日時指定すること**

を忘れないでください。

　この手法を使うと恐ろしいほど、アポが入れられるようになります。
　であるがゆえに、2時間ごとのアポが可能となります。
　但し、顧客の場所を調べ、商談時間プラス移動時間を考慮しながら、微妙に時間差をつけていくことはおわかりですね。

そしてもう一つ、極めて重要な技をご紹介します。

> 売れる・売れないを分ける分岐は
> 「再訪率」の高低にある

のです。

1回の商談は誰でもできます。しかし、売れない人は再訪ができず、
「わかりました。検討させてもらいます」
とお客様から言われて終わってしまいます。そして後日、また訪問しようと電話をかけても
「検討していますから」
を繰り返され、いつまで経っても進展しません。

初回訪問をした時こそ、次回アポを取る時

です。最後に、こう畳みかけてください。

「〇〇部長、次回、御社に合わせた提案書をおつくりしてきますので、来週の〇日、〇時はご都合いかがですか？」

と、その日に次のアポを取ってしまうのです。

　ここが売れる秘訣です。
　次回アポを、必ずその場で取ることを是非とも覚えてください。

　右ページに、この項目で紹介したアポ取りの方法をまとめました。
　アポ取りが苦手な人は、この一覧をコピーし、ノートや机の目に見える場所に貼るなどして、日々こうした言い回しを意識し、アポ取り上手な営業マンとなってください。

アポ取りキラーワード一覧

ＴＥＬアポ

○○時ごろ、近くにお伺いしますが、
ご都合はいかがですか？

→ＯＫ！　アポ取り成功！！
→Ｎｏ……

では、△△時はいかがでしょう？
もしくは□□日の◎◎時はいかがでしょうか？

＊２回目は、複数日程を挙げることがポイント。自分で日時指定をしていると先方に錯覚させます。精神治療で使われる『ダブルバインド（二重拘束）』の応用です。

再訪アポ

御社に合わせた（今回の課題点をクリアにした）
提案書をおつくりしてきますので、
□□日の○○時間はいかがでしょうか？

→ＯＫ！　アポ取り成功！！
→Ｎｏ……

ＴＥＬアポと同じ要領で、引かずに攻めましょう！

営業にでない日をつくる

　売れている営業マンはもちろん、アポ件数も多いですし、手数・足数の総量においても他者より秀でています。

　しかし、だからといって、月曜から金曜までフルにアポを入れているかというと、そうでもないのです。

　意外と思われるかも知れませんが、実は営業にでない日もつくっています。

　これもセミナーで多くの手帳を見てきた私の結論です。

　では、どうして外にでない日をつくっているのかと言えば、内勤して、書類作成したり、溜まった事務処理をしたり、次なる戦略を練る日にあてているからです。

メリハリとでも言いましょうか、

> **時には集中力と瞬発力を発揮し、時には静かに考える**

ことも、営業にとって大事だと私は考えます。

　最近、ウツ病の人が増えているそうですが、ウツ病と大きな関係がある自律神経には、交感神経と副交感神経があります。前者は活発な活動をする際に働き、後者は身体を休ませエネルギーを蓄える際に働きます。
　日々の生活リズムのなかで、通常は両者がバランス良く働いていますが、ストレスが溜まると交感神経の働きが高まります。しかし、それが慢性化すると、ブレーキをかけるために副交感神経が過剰に働いて、逆にバランスを崩してしまうそうです。

　営業でも、ON・OFFの切り替えによってバランスを取ることにより、よりアクティブな対応ができるようになります。

　皆さん、よくご存じの島田紳助氏は、芸能界を引退する前は各局においてゴールデンタイムの番組を何本も抱えた怪物のようなタレントでした。

超多忙でいつ休みを取っていたのかと思ってしまいますが、彼は週の４日しか働かなかったそうです。
　４日間にすべての収録を行ない、あと３日は南の島でのんびりと休養を取るスタイルを貫いていたそうです。

　１６４ページの図表２９をご覧ください。
　この日は、１０時からＨ社へのプレゼン、その後時間が空き、１７時にＩ社へ納品というスケジュールになってしまいました。

　仕方なく、このようなアポを入れてしまった日は外出先で遊んではいけません。
　社に戻り、何時から何時まで作業ができるかを計算し、②のようにやるべきことをリストアップし、社内での作業項目を時間で縛るようにします。

　また、１６５ページの図表３０のように、１０時からの同行営業ののち、午後丸々空いてしまうような日も同様に、②のように時間管理を心がけます。

　当たり前のことですが、営業はお客様と会わなければ売上は上がりません。

しかし、お客様と漫然と会っても、前述したように「見込み客」は増えるかもしれませんが、契約には至らず、売上へと結びつけられません。

　結果をだすには、事務処理をとおして、これまでの営業活動を振り返ることも必要です。次にどういった手を打つべきか、知恵を絞り、知恵を温め、知恵を昇華させるためにも、じっくりと思索する日の確保をお薦めします。

　しかし、営業部長をしている人のなかには、
「営業マンが会社にいてどうする？」
と軍隊張りに
「事務処理なんか、夜やれ！」
と言う方もいます。

　深夜遅くまで会社にいる営業マンが優秀だとする考え方には、私は大反対です。馬車馬のように「２４時間戦いますか！」的な時代はもう終わりました。

　要は集中力を発揮して、動くべき時間にトコトン動けば良いのです。

図表 29

	6/14 (木)	
①	10:00　H社プレゼン	
	17:00　I社納品	
	18:30　同僚と飲み会	
②	13:30〜15:30 やるべきこと	←
	・13:00〜　商品チェック	
	・13:30〜　原価表修正	
	・14:00〜　プレゼン資料追加	
	・14:30〜　見積り書追加	

図表 | 30

	6/15 (金)	
	10:00　マーケットリサーチ	
	（中央区）部下同行	
①	PM 社内	
②	午後からやるべきこと	
	13:00～ 今月売上見込表作成	
	14:00～ マーケットリサーチ結果まとめ	
	15:00～ 新製品説明書まとめ	
	15:30～ Z社見積り	
	16:00～ 新規TEL作戦	
	18:00～ 部下報告書熟読	

第4章　売れる営業マンとなるために大切なこと
　　　　～なぜ100円ノートで売上が伸びるのか～

営業部長は、それよりなにより、部下の1日の効率良い動きをチェックすべきです。

例えば、週報では、

- ☑ 部下が無駄のない動きをしているか
- ☑ 考えて動いているか
- ☑ 顧客ごとに何の手を打っているか

を見なくてはいけません。

そして、部下が社内にいる時こそ、じっくりと懇談し、建設的な意見交換の場にしていくべきです。

> 売上は、部署長と部下との
> 共有化した思いの結晶

です。

部署の目標が一人ひとり勝手に明後日の方向に向いているうちは、どんなに発破をかけても部下は売上を伸ばしません。

部署のメンバーが一つの目標に向かって団結した時、売上は爆裂します。

私が営業部長をしていた時、過去に前例のない月間１０件の契約を取ろうと決めました。達成した際は全額会社持ちで営業部１０名で熱海の温泉１泊旅行をと、常務に直談判し、許可をもらいました。

　それから、私も部下も必死で１０契約に向かって驀進(ばくしん)しましたが、最後の１契約が前日になっても取れませんでした。

　なんとか旅行の当日に１０契約目を達成し、大盛り上がりの温泉旅行となりました。

　今でも当時を思いだすと、よくやれたものだと感慨深くなります。これこそ団結の力だったのでしょう。

　ともあれ、

> 営業とは、
> 「果敢なるアクション」と「緻密な戦略」

です。

　その静と動の絶妙なコンビネーションが高い売上数字を叩きだしていくことを忘れないでください。

『問題意識』の下地をつくる

　多くの営業マンを見てきて、売れる人・売れない人を分ける要素は、考える習慣の有無だという話を序章でしました。
　売上伸長のためには、思索の習慣は実に大切な要素です。

　ところが営業マンはともすれば現実の作業に忙殺され、じっくりと頭をひねる必要性を見失いがちです。
　考える習慣が大事なことはわかっていても、
「余裕がないのですよ」
と言う声をよくセミナーで聞かされます。

　では本当に、余裕がないから考えられないのでしょうか？

厳しいことを言うようですが、時間がないから考えられないのではなく、脳に下地がないから考えられないのだと、私は考えています。

私は先般、植物の研究をしている方と懇談しました。

その方は、ほうぼうの山々を歩いては草木を探し、研究されているそうです。その方にとっては、たった１本の造作なく生えている草さえ大きな意味があり、普通の人ならば見落としてしまう草木にすら目が止まるそうです。

無論、専門分野ですから当たり前と言えば当たり前なのですが、私はお話を聞いていて、営業の世界も同じだなと感じました。

「どうしたらもっと売れるのか？」

と、飽くなき売上の追求をしている営業マンは、何気ないお客様の一言にも、ニュースの報道からも売上伸長のヒントを得てしまいます。これすべて、「問題意識」の賜物と言えます。

また、ある大手企業の「人材とはいかなる資質を持つ人か？」との調査で、トップに上げられた資質が「問題意識を持つ人」だったそうです。

第4章 売れる営業マンとなるために大切なこと
〜なぜ１００円ノートで売上が伸びるのか〜

しかしながら、「問題意識を持ちなさい」と言われて、「はい、そうですね」と簡単に身についたら世話ないですね。ただ、

> **売れる営業マンとなるには
> 「問題意識」は必須の条件**

であることを銘記していただきたいのです。
　では、問題意識とは、どのように培われるのか？

　私はセミナーで必ず読書量に触れさせてもらいます。
　「年間１００冊以上、本を読んでいる方はいますか？」
と質問しますが、どうでしょうか。
　たいてい１００人中１～２人しかいません。

　優秀な大学をでた方でも社会人になり、営業に忙殺されると、なかなか読書に目が向かなくなるようです。ましてや、今は携帯電話やゲームが主流の時代ですから、活字離れは甚だしい傾向にあります。

　私は恥ずかしい話、高校卒業までは本を読む習慣がまったくありませんでした。

大学に通いだしたころは、ある先輩から
「後藤はなんてバカなんだ」
といつも揶揄されていました。
　ある日、
「どうしたらバカは治るのでしょうか？」
と尋ねると、その先輩はこう言いました。
「毎年１００冊の本を読め」
　当時、私は昼働き、夜は大学、その後サークルと、満足な睡眠時間も取れない勤労学生でした。

「とても本を読む時間なんかありません」
と言うと、
「後藤は電車の中で何してる？」
との問い。
「はい、寝てるか、女の子を見てます」
「電車の中こそ、唯一の読書の場じゃないか」
との厳しい叱責。

　そのころ電車に乗っていた時間を合計すると１日に最低１時間半もありました。
「毎日、その時間を読書にあてたら、何冊読めるか計算して

みろ」

とまたまた叱責。

　そこから私の読書の習慣が始まりました。

　今、我が家には６，０００冊強の本が並び、家内には「いい加減、処分してよ」とうるさく言われているものの、捨てられないでいます。これすべて、電車の中で読んだ本たちです。

　今では、電車に乗ると必ず本を開くことが習慣となりました。いつもバッグには２〜３冊の本を忍ばせているのですが、たまに本を入れ忘れたりすると、耐えられなくなります。活字に飢えた状況なのでしょうね。

　そんな甲斐もあって、私は今、人に発信する立場になりました。バカと揶揄られた私でも読書を積み重ねていくことで、人様に教えられる立場になったのだと、先輩に感謝しています。

　どんな分野であれ、一流の人たちは皆、読書家です。

**本を読むことで、脳は活性化し、
問題意識を持つ下地がつくられる**

のは間違いないと考えています。

　読書のためのまとまった時間を取ろうなどと難しく考えず、取り敢えず、

> **電車に乗ったら本を開く**

くらいの習慣をつけてください。

　100冊、200冊と冊数が重なっていくごとに、あなたの脳では、下地がせっせと耕されて問題意識が芽生え、考える習慣がついていきます。

　そして、『営業ノート』には、そうやって芽生えた問題意識の実である思いついたこと・考えたことを、つれづれに箇条書きしていってください。

　そこから売上を伸ばすための思索が始まり、ヒントが得られます。

column2 売上目標を楽々クリアーする意識改革〜チーム編〜
根拠・寄与・見返りを明確に！

あなたは営業部の課長です。

今月のチーム月間目標は5,000万円です。課メンバーは5人、単純に一人あたり1,000万円が月間目標です。

しかし、実は課員にとってはチーム目標5,000万円はどうでも良く、自分の1,000万円にしか関心はありません。

ここに課長の苦しさがあり、かつ、管理職としての力量が問われるところです。

課長は、いかにして課目標を課員に意識させ、チーム一丸となって取り組ませるか、もっと言えば、チーム目標を共有化した目標にできるかが勝負です。

いくら「5,000万、5,000万……」とお題目を唱えても、課員には馬の耳に念仏となります。

勝利の嬉しさ敗北の辛さを身をもって教えること

さあ、課長であるあなたは、どのように課員に目標を共有化させますか？

では、その技をご紹介しましょう。
目標の共有化には４つの角度が必要です。

① なぜ、月間目標はこの数値なのか？ その根拠は？
② 目標達成の意義は？
③ 営業部のなかで、今現在の課の位置づけは？
④ ５，０００万円達成時の褒美は？

個人戦を団体戦に変えさせるために大事なことは、その意義をメンバーに周知徹底することです。

それがないと、「なんだ、課長のためにオレたちはやらされている」と思ってしまいます。そうではなく、皆の頑張りが、

- ☑ どのように会社に寄与するのか
- ☑ どんな影響を与えるのか
- ☑ 見返りとして、どんな方向に向かうのか

をわからせることが大事です。

　スポーツではよく団結という言葉を使います。それは営業チームにこそ、当てはめるべきです。

　一人の売上がチームに貢献し、その積み重ねの結果、チーム目標を達成するという意義に変えねばなりません。
　ですから、課長が唱える角度はひとえに目標の共有化なのです。そして、月間目標を達成したら部長に
「打ち上げ戦勝会をやりましょう」
と言って、会議費をしこたまもらい、勝つことの喜びを形にしてあげてください。

　勝利の喜び、敗北の辛さを、しっかりと部下にわからせ、勝つことの楽しさを教えてあげることが大事です。

　是非とも、賞罰をはっきりさせ、部下のモチベーションをアップさせてください。

第 5 章

三日坊主にならない!
無理なく
『営業ノート』を
続けるコツ

アポと連動させれば『やるべきこと』は自然と浮かんでくる

　この章では、『営業ノート』を無理なく続けるためのコツをお教えしたいと思います。

　これまでお伝えしてきたことで、売れる営業マンとなるには、メモを取ることが不可欠であることは、おわかりいただけたと思います。

　では、どうしたら三日坊主にならずに、『営業ノート』にメモを書き込む習慣をつけることができるでしょうか？

　決して難しいことではありません。
　まずは、１日たった１０分間の習慣づけをしましょう。

> **ステップⅠ**
> 仕事の終了時に10分間だけ、ノートを開く習慣をつける

 その際、「明日は何をするのか」、翌日のスケジュールと関連づけて着手項目を挙げましょう。

 この手法が慣れてきたら、次の段階へ進んでください。

> **ステップⅡ**
> 空いた時間に書き込む習慣をつける

・アポとアポとの空き時間で、喫茶店等に待機している時

・電車に座れた時

・内勤時の仕事の合間

・就寝前

 こうした空き時間に以下のことを着手します。

① 明日以降の日時指定がされている着手事項を記入
② 商談や打ち合わせの準備事項を書きだす
③ 今後、考えねばならない事項をあぶりだす
④ その解を考える

　この４点を意識すれば、見開きした『営業ノート』を見つめているだけで、あなたの思考はフル回転モードに入ります。

　図表３１に例をあげました。

　よろしいでしょうか？　このようにアポイントと関連づけて、すべきことを記入していけば良いのです。

図表 | 31

	6/15（金）	
確定したアポをスケジュール欄へ記入します。 次に、アポに従って、何を準備するかを考えます。	9:00　課ミーティング 11:00　A社訪問 15:00　B社納品 17:00　C社打ち合わせ 19:00　山田と飲み	
「課ミーティング」では何を準備しますか？ アポと関連づけて準備すべき事項を書き出していきます。	課ミーティング準備 ・会社通達分5部コピー ・先週までの売上データ準備 ・週報のまとめ	
	A社準備 ・A社プレゼン資料3部 ・サンプル品3種 ・概要見積り書 ・契約までのフローチャート	A社訪問時にやらなければならない事項を箇条書きに書き出します。
	・B社納品物チェック ・物流に確認 ・納品書チェック	

第5章　三日坊主にならない！
無理なく『営業ノート』を続けるコツ

プライベート事項もドンドン書き込む

　私の『営業ノート』は、「営業」と頭に名づけているものの、仕事もプライベートも1冊で管理するものです。
　これは人に見せるものではないですから、プライベート事項もドンドン書いてください。

　例えば、夫婦の結婚記念日の前日欄に、

> 「明日、結婚記念日、〇〇レストラン予約」

と書き込んでおけば、忘れることはありません。
　私は仕事と同様にプライベートも重要だと考えます。

なぜならプライベートの充実が仕事の充実に直結すると思うからです。家族・友人・知人・恋人との約束を守ること、何かをしてあげること、準備することは、すべて人を大事にする気持ちから始まります。

> 身内すら大事にできない人は、
> 取引先を大事にすることはできません

　営業部長をしていたころの話です。
　よくやってくれている部下たちに対して何かしてあげたいと考えていたところ、
「そうだ、誕生日にケーキだ」
と思い立ちました。そこで、部下たちの誕生日を調べ、ノートに書き込んでおきました。

　それから後は忙殺されて、すっかり忘れていたのですが、ある日、翌週は何をすべきか確認しようとノートを開くと、そこに赤文字で
「部下〇〇嬢、誕生日ケーキ」
と記載してあるのを見つけました。

第5章　三日坊主にならない！
　　　　無理なく『営業ノート』を続けるコツ

そして当日の夕方、突然のハッピーバースディーのお祝いとなったのですが、彼女が喜んでくれたのは言うまでもありません。

　こうしたことは直接、仕事とは関係のないことですが、やはり大事なことですよね。

　同様に私は、

> 趣味を深めることは、仕事を深めること

だと思っています。
　右の図表３２をご覧ください。
　これは健康管理についてメモしたものです。もっと強い体をつくらねばと、ジムでのメニューを増やそうと考えたわけです。
　他に、今月の出費予定、使いすぎの実態もメモしています。

　このように、家族や友人などとのプライベートな予定だけでなく、趣味や健康管理といったものもドンドン書き込みましょう。

図表 32

> ジム　メニュー今週追加分
> ① ランニング 10 キロ挑戦
> ② 水泳平で 500 メートル追加
> ③ ウエート 50 キロ 10 回挑戦
>
> 今月出費〜やばい使いすぎ
> ・6/20 課飲み会　5000 円
> ・6/24 後輩窪田飲み　4000 円
> ・KARA　CD4500 円
> 　計 13500 円

　なによりも、『営業ノート』への書き込みに慣れてくるまでは、仕事のことではあまり書くことがないなぁ……と白紙が続き、嫌になったり、億劫になってしまうこともあると思います。

　けれど、プライベートも書ければ、その分、書くことが増えますよね。ですから、プライベート事項もドンドン書き込み、『営業ノート』を開く習慣をつけていってください。

薄く、軽い
ただのノートだから
どこでも持ち運ぼう

人間はふとした時に閃くことがあります。

「あ、〇日にサンプルを送ることになっていた」「あ！　このやり方があった！！」「今度の会議では新商品のプレゼンについて触れよう」——等々。

そんな時は、

1分間だけ『営業ノート』を取りだし、その場で書き込む

クセをつけてください。

このヒラメキが実に重要です。
　思いついたその時に書かないと、後で書こうと思っても、なかなか思いだせないことが多いものです。

　私はかつて大失敗をしたことがありました。
「あ！　やっと、やっと、やり方がわかったぞ！」
　そのころずっと考えていた、ある商品のお試し手法が閃いた瞬間でした。外回り中ながら、小躍りして喜んだものです。
　そして夕方になり、社に戻ってその手法を整理しようと机に向かう段になると、なんと思いだせないのです。結局、思いだせないまま半月が過ぎてしまいました……。

　厚さ5mm重さ200gに満たない普通のノートである『営業ノート』は、資料でパンパンの重い営業カバンにも邪魔にならず入れておけます。しかも、落として壊れる心配もありません（笑）。
　ですから、こんな時でもサッと取りだし、閃いたことをすぐに書き留めることができます。

「何か、良い方法はないか？」という思索の繰り返しはループに陥りやすく、解の方向へ進むことがないものです。

けれど、全然違う話をしている最中だったり、読んでいる本のある文字を目にした瞬間やテレビを見ている時だったり、または、夢見心地の布団の中だったり——と、まったく意識していない時に、忽然と浮かぶことがあります。

　これこそ、ピッタシカンカンの解答なのです。

　ですから、閃いたら、１００円ノートを取りだす手間を絶対に省いてはいけません。

　ともかく、

- ☑ 思いついた時に
- ☑ その場で

書き込んでください。

　但し、ヒラメキを大事にすると同時に、

> ヒラメキは問題意識の末の、
> 限りなく瞬間の産物である

ことを忘れないでください。

　発明王エジソンは、「天才は１％のヒラメキと99％の汗」という有名な言葉を残しましたが、エジソンはまさに血の滲むような思索の格闘を行っていたからこそ、ヒラメキが生まれ、大発明を成し遂げたわけです。

　とにかく『営業ノート』＝薄くて軽くて丈夫なただのノートですから、まずはどこへでも持っていくように習慣をつけてください。そして、ヒラメキの瞬間を大事にして、サッと『営業ノート』に書き留める習慣をつけてください。

殴り書きの箇条書きで充分！文章で、きれいに書こうと思わない

１９２ページの図表３３をご覧ください。
１週間前と１週間後のノートの変化を図にしたものです。
もう見ておわかりのとおり、一目瞭然ですね。

内容の精度は一切、問いません。ともかくあなたが思いついた内容を、ただただ箇条書きで書き留めるだけで良いのです。

- ☑ **文字量が多ければ、進展している証**
- ☑ **文字量が少なければ考えていない**

ことになります。

今まで繰り返し述べてきましたが、営業は戦略・戦術の格闘の職種です。だからこそ、

> 考える習慣をつけた営業マンこそが、
> 高い売上数字を上げることができる

のです。

考えることを習慣づけるには、箇条書きメモ。頭の中にあることを文字に落とすことに尽きます。『営業ノート』は誰に見せるものでもありません。殴り書きの汚い文字だろうが、くだらないことだと思えようが、どんどん書き綴ってください。

書いていくうちに愚案が妙案に変わり、売上を伸ばす最高の作戦へと、必ず変わっていきます。

大事なことは、次の4点です。

① ノートを見つめてペンを走らせること
② 「明日」を目一杯、想定すること
③ ここまでできないと思えるほどの準備をすること
④ 暇な時間をつくらないこと

図表 | 33

一週間前

6/11 (月)	6/12 (火)	6/13 (水)	6/14 (木)
8:30　全体朝礼		10:00 H社プレゼン	9:00　課長会議
9:00　課ミーティング			
・C社納品物チェック			

現在

6/11 (月)	6/12 (火)	6/13 (水)	6/14 (木)
8:30　全体朝礼	11:00 D社プレゼン	10:00 H社プレゼン	9:00　課長会議
9:00　課ミーティング	12:00 D社社長と昼食	17:00 I社納品	13:00 S社プレゼン
10:30 A社打ち合わせ	15:00 E社訪問		15:00 Z社納品
13:30 B社プレゼン	17:00 部下とG社同行	18:30 同僚と飲み会	夕方〜新規開拓準備
15:30 C社納品			
19:00 部長と懇談			
3●A社打ち合わせ資料確認	2・F社 ○○部長TELアポ	・先週分売上伝票経理へ提出	・B社社長へ御礼TEL
4・F社 ○○部長TELアポ	10・部下5名の役割分担考案	・部下、野中の低迷理由分析	新規開拓準備
1●C社納品物チェック	11・新商品プレゼン内容確認	・総務部長へ挨拶文渡し	①チラシ100枚
5●部長懇談用資料作成	3・部下週報チェック	・B社部長へ御礼メール	②中央区日本橋住宅地図
6●B社プレゼン資料部長に確認	4・D社プレゼン内容確認	・納品物確認	③アンケート用紙100枚
2●E社 社長へ御礼のTEL	6・A社見積り完成	・J社部長へTEL	④マーカー5色
7●下半期の売上草案作り	8・部下、山本への提言内容	・名刺発注100枚 総務へ	⑤デモ機1台〜技術より借り
8・部下5名の役割分担考案	5・商品確認	・課長会議資料作成	
9・新商品プレゼン内容確認	7・先週の売上伝票チェック	13:30〜15:30 やるべきこと	
10●A社 売上アップ策検討	1・W社 部長へアポTEL	・13:00〜商品チェック	
	9・経理より仮払2万円	・13:30〜原価表修正	
		・14:00〜プレゼン資料追加	
		・14:30〜見積り書追加	

6/15（金）	6/16（土）	6/17（日）
・F社見積り郵送		

⬇

6/15（金）	6/16（土）	6/17（日）	S社など、深堀の手立て
10:00 マーケットリサーチ	10:00 スポーツジム	12:00 図書館	・渡辺部長ともっと親密に
（中央区）部下同行	14:00 彼女とデート(渋谷)	17:00 親友、藤田と飲み(池袋)	・担当部下の交代
			→山本から飯島へ
PM 社内			・次なる受注計画の練り直し
			・1回の発注量を2倍
			そのために
・F社見積り郵送	・来週の会議資料作成		①ストック在庫の重要性促す
	・課評価制度草案作成		②市場拡大の提案
午後からやるべきこと	①評価表へコメント		③サンプル品の増加
13:00〜今月売上見込表作成	②算出根拠列記		
14:00〜マーケットリサーチ経緯まとめ	③点数見直し		
15:00〜新製品説明書まとめ	④各個人、課題抽出		
15:30〜Z社見積り			
16:00〜新規TEL作戦			
18:00〜部下報告書熟読	課下評価点数 〜年期ボーナス査定		
	山下〜 56. 72. 45. 総合57B		
	飯島〜 77. 79. 83. 総合79A		
	野中〜 55. 57. 48. 総合53B		
	山本〜 38. 47. 49. 総合44C		
新規TEL作戦リスト	熊田〜 81. 80. 77. 総合79A		

第5章　三日坊主にならない！無理なく『営業ノート』を続けるコツ

さあ、今日からあなたは大変身できます。

　１日を大事に、１週間だけで良いので目一杯『営業ノート』に書き込み、文字で埋めてください。
　それが、営業の進展に繋がることを実感されると思います。

CHAPTER SIX

第 **6** 章

営業が楽しくなる「フリースペース」の使い方

アポ取り、顧客訪問を楽しくする方法

　この章では、ノートの後ろ10ページに設けた「フリースペース」の使い方例として、営業をいかに楽しくさせる方法をご紹介したいと思います。

　モチベーションをアップさせ、維持するための良い方法はないかと、自己管理という観点から追求してきたことは「はじめに」で述べました。これは、つまりどうしたら営業を楽しくさせられるかと考えてきたということです。
　そしてたどりついた結論が、

あらゆる数値やデータを自分だけのゲームにしてしまう

という方法です。

　営業はともすれば契約だけを追いかけがちです。
　契約というゴールは売上金額で表されますが、契約に至るプロセスは一切、問われることはありません。
　そこで契約までのプロセスをゲーム化してしまうのです。

　では一例を挙げてみますので、図表３４（199ページ）をご覧ください。

　新規顧客メインの法人営業を想定しましょう。

　このケースは、電話によるアポ取りがメインになりますね。その際、ただ闇雲にかけても面白味がありません。
　ここにゲームの要素を取り入れ、次のように自分でカテゴリーをつくります。

```
■電話総件数………………Z　　■受付拒否…………A
■担当者不在………………B　　■担当者拒否………C
■担当者と話し込めた……D　　■アポ取り成功……E
```

さあ、午前10時からの2時間、電話作戦をスタートさせました。1件かけ終わる度に、A〜Eのどれかを正の字で種別していきます。

2時間終了後、例えば、

> Z（電話総件数）……21　　A（受付拒否）……5
> B（担当者不在）……7　　C（担当者拒否）……4
> D（担当者と話し込めた）……3　　E（アポ取り成功）……2

だったとします。

そこで、野球が好きな人であれば、総電話件数Zを打者の打数に置き換え、話し込めた件数Dとアポ件数Eを、安打としてカウントします（図表34②参照）。

すると、21打数5安打となり、打率は2割3分8厘ですね。翌日は2割6分3厘、金曜日は3割6分8厘、というように打率表をつくって3割を超えたら、自分で自分を褒め喜ぶのです。

「くだらないな」と思うかもしれませんが、1件でも多くヒットを打とうと気合いが入るから面白いですよ。

図表 | 34

①電話作戦

	6月4日	6月5日	6月6日	6月7日
Z	正正正正一	正正正下	正正正正下	正正正正正
A	正	下	正丁	正一
B	正丁	正下	正正	正正正
C	正	下	正	正
D	下	正	一	正
E	丁	一		

②打率ゲーム

月日	6月4日	6月5日	6月6日	6月7日	6月8日	週合計
時間	2時間	2時間	2時間	2時間	2時間	
打数(Z)	21	19	23	30	19	112
三振(A)	5	3	7	6	3	24
内野ゴロ(B)	7	8	10	15	7	47
外野フライ(C)	4	3	5	4	2	18
塁打(D)	3	4	1	4	4	16
本塁打(E)	2	1	0	1	3	7
打率	0.238	0.263	0.043	0.167	**0.368**	0.205
			最低!ヤバイ!		やったぜ!	

第6章 営業が楽しくなる「フリースペース」の使い方

今度はルート営業をイメージしてみましょう。

右の図表３５です。
１日の訪問件数をサッカーのシュート数に見立てます。
今日が５件の訪問なら、シュート数は５です。
そのうち、１０，０００円でも注文がもらえたら１ゴールとします。

```
6／4（月）……■シュート＝4本    ■ゴール＝1点
  5（火）……■シュート＝6本    ■ゴール＝3点
  6（水）……■シュート＝9本    ■ゴール＝0点
  7（木）……■シュート＝7本    ■ゴール＝1点
```

というように数字遊びをします。
　それを週間、月間でどれだけシュート数（訪問件数）を放ったか、ゴール数（注文をもらった件数）は何点だったかをつけるのです。
　こうした遊びのデータを続けていくと、ルート営業の生命線である訪問件数と注文件数を１件でも多く増やそうとする意志が働き、その数値があなたの行動バロメータにもなっていきます。

図表|35 訪問サーカーゲーム

6月[梅雨カップ]

	シュート数	ゴール数
4 (月)	4	1
5 (火)	6	3
6 (水)	9	0
7 (木)	7	1
8 (金)	5	3
週小計	31	8
11 (月)	11	3
12 (火)	12	3
13 (水)	10	2
14 (木)	9	2
15 (金)	9	2
週小計	51	12
18 (月)	3	0
19 (火)	10	4
20 (水)	7	2
21 (木)	7	2
22 (金)	6	1
週小計	33	9
25 (月)	9	1
26 (火)	9	3
27 (水)	9	0
28 (木)	5	1
29 (金)	2	2
週小計	34	7
月間合計	149	36
前月比	-5(154)	-2(38)

第6章 営業が楽しくなる「フリースペース」の使い方

ではもう一つ、図表36を見てください。

もし、あなたが相撲好きだとします。

1週間の訪問件数が

- ■12件以上————横綱
- ■11件————大関
- ■10件————小結
- ■9件————関脇
- ■7・8件————前頭
- ■6件以下————十両

第1週を初場所、第2週を春場所なんて具合に番付表をつくって、週ごとにどこにランクしたか、遊ぶのです。もちろん、横綱を目指すために自然と頑張るようになりますよ。

いかがですか？　バカバカしいと思っては駄目です。

要は日々の業務で扱う数値を自分の好きなことに置き換えて、1件でも多く、アクションを起こすためのモチベーションアップゲームにしてしまうのです。

「スマホのゲームは楽しい、営業は辛い」ではなく、営業こそ、ゲームとして楽しめば良いわけです。

さあ、なんでも良いですから、ゲームに置き換え、営業を大いに楽しんでください。

図表 36 訪問相撲メモ

6月	日付け	訪問件数	
初場所	4（月）	2	
	5（火）	3	週合計
	6（水）	2	9
	7（木）	1	獲得番付
	8（金）	1	関脇
春場所	11（月）	3	
	12（火）	0	週合計
	13（水）	0	6
	14（木）	1	獲得番付
	15（金）	2	十両
夏場所	18（月）	4	
	19（火）	3	週合計
	20（水）	2	10
	21（木）	1	獲得番付
	22（金）	0	小結
秋場所	25（月）	1	
	26（火）	3	週合計
	27（水）	3	12
	28（木）	3	獲得番付
	29（金）	1	横綱

第6章 営業が楽しくなる「フリースペース」の使い方

自分の傾向と対策まで見えてくる！商談を楽しくする方法

　ここでは商談に点数をつける方法についてご紹介します。

　見知らぬ人に会うということはそれだけで緊張することです。けれど、ただ嫌だ嫌だと思っていても、営業である以上、商談をしないと何も始まりません。

　では、どうしたら商談を楽しくさせられるでしょうか？

　最新式のカラオケ採点機能は非常に優れもので音程、声量、こぶし、ビブラートなどなど、歌声をいくつかのカテゴリーに分けて、１００点満点としていますね。

　それを商談に置き換えてしまいます。

> 1）スムーズさ　　　　　　20点
> 2）時間配分　　　　　　　20点
> 3）先方の理解度、納得度　20点
> 4）なごやかさ　　　　　　20点
> 5）クロージング度　　　　20点　合計100点

として、1回1回の商談に自ら、点数をつけて商談をゲーム化してしまうのです。

プレゼンのストーリーが決まっていても、商談先の相手が変わると、展開が変化することは営業マンであれば誰しも経験しています。

だからこそ、商談に点数をつけることで、その日の調子や、話しやすい・にくいなど商談相手のタイプ、自分との相性を知ることもできます。人のタイプを大別すると、

- ☑ 通常タイプ　☑ ニコヤカタイプ　☑ 無言タイプ
- ☑ 横柄タイプ　☑ しかめっ面タイプ

に分かれますが、相手がどのようなタイプであったのかを記すのも面白いと思いますよ。

図表37を見てください。

```
        6月1日        ■山岡商会……… 75点
                      ■五尾産業……… 90点
                      ■井上テック…… 25点
```

というように毎回の商談を点数管理していきます。

すると、どこが欠けていたのか、何がまずかったのかが、少しずつ見えてきます。

評価の基準や項目は、あなたのしやすいように、どんな内容でも構いません。好きなように決めてください。
こんなことを繰り返すことにより、不思議と1件の商談が楽しくなります。

営業は遊び心で行なうところに、自身を客観視できる側面がでて、契約への流れを強固にしていきます。

もう一つ、ご紹介しましょう。

図表 37　商談採点メモ

6/4（月）	山岡商会	五尾産業	井上テック
スムーズさ	15	20	5
時間配分	20	15	5
相手の納得度	15	20	10
なごやかさ	10	15	5
クロージング度	5	20	0
合計	65	90	25
気づきメモ			

6/5（火）	トラスト	エースカンパニー	山本商事
スムーズさ	10	20	10
時間配分	10	15	15
相手の納得度	10	20	10
なごやかさ	10	20	15
クロージング度	0	20	15
合計	40	95	65
気づきメモ			

6/6（水）	NONAKA		
スムーズさ	15		
時間配分	15		
相手の納得度	15		
なごやかさ	15		
クロージング度	20		
合計	80		
気づきメモ			

第6章　営業が楽しくなる「フリースペース」の使い方

「点数までは、とてもつけられない」と言う方は、もっと簡易的に商談データを図表３８のように、

```
1）訪問月日
2）ランク（A～E）
```

のみをつけるようにします。

　取引先の訪問とその時の総合的な状況を、感覚的で良いのでランク分けし、その都度、チェックしていきます。

　そうすると、取引先ごとの訪問頻度とランク状況により、おおよその折衝状況が振り返られるようになります。

　特に「訪問頻度」は重要で、例えばルート営業の場合であれば、

> 「訪問できている、できてない」という実態サイクルがわかるので、次回訪問のタイミングがつかめる

ようになります。

図表 38 商談状況メモ

社名	1回目	2回目	3回目	4回目
山岡商会	6/4 B	6/11 C	6/22 A	
五尾産業	6/1 A	6/12 A	6/18 B	6/29 A
井上テック	6/1 C	6/5 D	6/11 C	6/15 C
トラスト	6/6 B	6/25 B		
エースカンパニー	6/4 D			
山本商事	6/20 E 担当者機嫌悪い	6/25 C		
NONAKA	6/13 C			

第6章 営業が楽しくなる「フリースペース」の使い方

引き続き図表３８でご説明しましょう。

「五尾産業は定期的に訪問できているのに、トラストは今月２回しか回れなかった。エースカンパニーは１回、これでは、売上を伸ばすことはできないな」
と。あるいは、
「井上テックは今月４回も訪問したのに、訪問ランクはいつもＣ、どうも上手く噛み合っていない。担当者とのコミュニケーションが取れていないな。もっと、個人的な関係をつくらなければ……」
と。

　つけた表から、今後の取引先の攻略法が見えてきます。

　商談ごとに、あなた自身が点数をつけることで、商談状況を数値化してしまうわけです。

　これも遊びと言えば遊びで、営業を面白くするための技です。
　つけ方はどんな形でも良いので、毎回漏れなく履歴を取ることを心がけてください。今まで見えなかった傾向から、対策が浮かびやすくなります。

私は若き日から、こうした遊びによって、自分のモチベーションアップを図ってきました。不思議なもので、自らつくったゲームに、自らがはまり、ゲームを楽しむようになってしまうのです。
　今度はあなた自身が、あなただけの営業ゲームをつくり、楽しむ手法を確立する番です。是非、試みてください。

第**6**章　営業が楽しくなる「フリースペース」の使い方

データをつける習慣が自己管理力をアップさせる

　あなたがアクションを起こした事柄は、実はすべてデータ化できるものばかりです。

　私は仕事以外にも、様々なことをデータとして管理してきた結果、それが自己管理力をアップさせることに気づきました。

　ここでは私が現在、行なっている手法のいくつかをご紹介します。

その壱
読書記録をメモする

読書の重要性は既に述べましたが、本も読み放しにするのではなく、記録をつけるようにします。

> 1）本のタイトルと著者名
> 2）いつ読み始めて、いつ終わったか
> 3）できれば読後感想をＡＢＣ程度にメモし、
> 　　その本が有益だったかどうかもチェックします

図表３９①（215ページ）をご覧ください。

このようにすると、月何冊読めたのか、面白かった本は〇〇だったという記録となり、単純な履歴であっても、１年経過すると、あなたの知的財産になります。

また、もう少し踏み込める方は、読後感想をフリースペースに殴り書きで良いので書き留めることをお薦めします。

書くことにより、内容が鮮明に頭に刻みつけられます。

第６章　営業が楽しくなる「フリースペース」の使い方

その弐
その日に使った金額をこずかい帳としてメモする

当たり前のことですが、お金は生きていくうえで大事ですね。

営業がどれだけ売上・粗利を上げるか、そして利益をいくら残せるかが会社にとっては重要ですが、個人においては働いていくら蓄えをしたかが、今の不安定な時代に、重要となっているのではないでしょうか。

毎月、決められた収入ですから、1円でも多く蓄えようとすると、支出を減らすしかないわけです。会社でも経費節減が叫ばれていますが、個人でも同じですよね。

そこで、図表39②のように、その日に使った金額をチェックし、1ヶ月でいくら使ったかのデータをつけます。

これをつけ続けていくと、使い過ぎの意識が芽生え、自然と出費へのブレーキがかかるようになり、無駄使いをしなくなります。

つまり、金銭管理ができるようになります。こちらも是非、試してみてください。

図表 | 39

①読書メモ

NO	タイトル	著者	いつから	いつまで	ランク
1	眠れるブランツェル	山本文緒	6/1.	6/4.	B
2	トンネル	吉村達也	6/5.	6/7.	A
3	明日の記憶	荻原浩	6/8.	6/11.	A
4	傷痕の翼	福木和也	6/12.	6/15.	A
5	漂流	吉村昭	6/17.	6/19.	B
6	ジョニーは戦場へ行った	トランボ	6/19.	6/23.	C
7	キラーファイト	阿木慎太郎	6/25.	ー	ー
8					

②こずかい帳

6/1	440, 200, 650,	(1290)	
2	440, 860, 3200,	(4500)	5790
3	220. 450, 600	(1270)	7060
4	200, 440, 330, 1060	(2030)	9090
5	440, 500	(940)	10030
6	100, 200, 440, 3500	(4240)	14270
7		(0)	
8	4500, 200	(4700)	18970
9			
10			

第6章 営業が楽しくなる「フリースペース」の使い方

その参
趣味の世界のデータをつける

　私はある時期、体脂肪率が２８％を超え、「このままではやばい」とジョギングを始めました。もう１０年になります。

　今は週２回、１回平均５キロ、年間では約５００キロを走破しています。
　そして走り終えると、図表４０①のように、数値をチェックし、月にどのくらい走ったか記録をメモしています。

　このように視覚化することで、
「今月はちょっとサボったな。来月はもう少し頑張ろう」
となります。

　今、あなたがやっている趣味の世界のなんでも良いですから、フリースペースにデータをつけてください。それにより、自己管理術会得へとも繋がっていきます。

図表 | 40

①ジョギングメモ

NO	月日	月回数	走った距離	月間トータル	年トータル	ランク
43	6/3.	1	5	5	210	A
44	7	2	5	10	215	B
45	9	3	5	15	220	B
46	11	4	4	19	224	D
47	15	5	7	26	231	A
48	19	6	5	31	236	A
49	22	7	5	36	241	B
50	26	8	5	41	246	C

②体調管理メモ

NO	症状	いつから	いつまで	ランク
23	二日酔い	6/2.	6/3.	最強
24	下痢	6/6.	6/6.	中
25	腹痛	6/7.	6/7.	弱
26	腰痛	6/8.	6/11.	弱
27				
28				
29				

第6章 営業が楽しくなる「フリースペース」の使い方

その四
体調管理もメモしよう

　営業マンにとって、いつも健康で、元気にいることは大事なことですね。

　そこで、体調を崩した時にメモしておく習慣をつけると、健康に気をつけようとする意識が強まります。図表４０②をご覧ください。

　例えば、６月２日この日、部の飲み会があり、
「しこたま飲んでしまった。仕上げのワインが効いた。二日酔いはあのワインのせいだ。今度は絶対にチャンポンにしてはいけない」
　こうした自制を促すことが体調管理に繋がっていきます。

　ハメをはずすことは時には必要でしょうが、「自分を知る」「自分の限界をわきまえる」ことが管理の基本となります。

　体調管理もメモすることで自制力を養ってくれます。

フリースペースは、あなたのデータをなんでも書き込むためのページです。

　やったことの数値をつけることにより、新たな発見と、自己を管理する視点が磨かれていくことを知ってください。

　さあ、どんなデータでも、ガンガンつけてしまいましょう！

第**6**章　営業が楽しくなる「フリースペース」の使い方

おわりに

　最後まで私の拙い文章にお付き合いいただき、ありがとうございました。

　営業マンにとって、売上数字は常に問われるべき、逃げることのできないものです。ましてや、売れない状況が続くと、目標数値があなたを悩ませ、大きな壁となって立ちはだかります。
　しかし、一度売れるようになると、これほど素晴らしく、楽しい仕事はないと、天にも昇ってしまう心境になるから不思議ですよね。まさに営業マンにとっては、売れる・売れないは、天と地の開きがあるわけです。

　だからこそ、誰もが「売れるようになりたい」ともがき、悩みます。しかし、一向に売れる道すじが見えてこない。そうした売れない営業マンを私は何人見てきたかしれません。
　かく言う私が、売れない営業マンでした。
　門前払いや拒否が続き、もう、お客様の顔が鬼に見え、出社拒否症のようになってしまった時期もありました。社内では能なしと揶揄され、「自分は営業には向いてないんだ」と本気で思ったものです。けれど、それは自分自身の思い込みでしかな

く、ちょっと手法を変えるだけで突破できる壁だったのです。

　本書でご紹介した手法はすべて、こうした限りない私の失敗からでてきたものです。失敗を繰り返し、徐々に形となっていったこの「売れるためのしくみ」の切り口は、手帳の使い方というありきたりなものです。けれど、手帳は営業マンの命ともいうべきものだと私は思っています。

「手帳のつけ方が変わるだけで、売上が伸びるなんてことがあるわけがない」
　最初に本書を目にした時に、このように感じた方も多いと思います。しかし、お読みになった後は、手帳の使い方と売上数値が無縁ではないことを、少しでもご理解いただけたのではないでしょうか。同時に、頭の中を綺麗に整理し、漏れのない1日を送ることの重要性を今一度、心に刻んでいただけたのではないでしょうか。

　営業とは、日々コツコツとアクションを積み重ねていく仕事です。そうした地道な活動のなかで、あなた自身の心に湧きおこる「今日は充実した1日だった」という実感が、実は売上数字を生みだしていくのです。

> 明日１日のやるべきこと、優先順位は列記したか
> 商談の準備は万全か
> 会議では、何をどう改善するのか
> 今日１日を終えて、列記した項目を着手できたか、できなかったか
> これから考えるべきことは明確になっているか――

等々。私が実践し、効果を体験してきた『営業ノート』は、コツさえわかれば簡単に続けることができ、あなたの最大の武器へと変貌していくものです。

なぜなら、日々『営業ノート』をつけるということは、「次は何をすべきか」「どのようにした良いのか」と常に考え、行動することに繋がるからです。

売上を伸ばす秘術は、何か特殊なテクニックや高邁(こうまい)な知識を必要とするものではありません。それらはすべて後づけのものです。確実なことは、

> 思考し、確かな手を打ち続けた人が
> トップ営業マンになる

ということだけです。但し、大事なことは、誰がではなく、

> **あなたが断じてトップになる**

のです。

　どんな人間にも無限の可能性があります。営業の世界で伝説的な売上記録をつくった人のなかにも、最初は売れなかった人のほうが多いのです。ですから安心してください。

　『営業ノート』を活用し、さらにあなた独自の技法を習得して「売れる営業マン」となった暁には、今度はあなたが、その手法を売れない方に話してあげてください。

　『営業ノート』が多くの営業マンにとって、「売れる営業マン」への第一歩となり、道しるべとなれば、なによりの幸せです。また、道しるべになることを信じております。
　あなたが、会社にとって、なくてはならぬ「営業の雄」になることを念願してやみません。

著者

後藤裕人（ごとう・ひろと）

株式会社オーデコジャパン　代表取締役
営業コンサルタント

　１９５８年生まれ、静岡県出身。実家の経済的事情から専修大学の二部入学と同時に上京し、教育教材会社の代理店に入社。幼児教材販売に従事。当初はまったく売れなかったが１０ヶ月後、一挙にトップセールスマンとなり、９年間で２億円の収入を得る。
　その後、３社で１６年間、営業部長を務める。新規事業の立ち上げ、代理店制度の確立、営業マン教育、テキストづくりから、講義・教育・現場同行指導等、すべてをこなし、４７歳で独立。
　後藤経営支援センターを立ち上げ、数社の営業顧問として中小企業の営業支援を行なう。読書６，０００冊、独自手法でまとめ上げた手帳は１００冊を超え、営業マンのスキルアップ術を体系化し、４年間で４００回の研修セミナーを実施。延べ６，５００人の営業マンと接するなかで更なる手帳と成果との法則性を生みだす。
　専門学校非常勤講師として後藤ゼミを３年、大手電機メーカーの新入社員研修講師も務め、経営者向け雑誌「カンパニータンク」（国際情報マネジメント社）の営業コラムニストとして連載中。
　趣味として小説を執筆、１１作品を書き上げる。現在、株式会社オーデコジャパンの代表として研修講師３０名、２４０の研修講座を展開する。

営業マンは手帳より
１００円ノートを持ちなさい！

Ⓒ Hiroto Goto　2012

２０１２年　６月 10 日　初版発行

著　者　　　後　藤　裕　人

発行者　　　鵜　野　　　大

発行所　こ う 書 房

〒162-0805　東京都新宿区矢来町112　第2松下ビル
電話　03(3269)0581〈代表〉　　　FAX　03(3269)0399
e-mail　info@kou-shobo.co.jp　　URL　http://www.kou-shobo.co.jp

印刷所■プロスト　　製本所■共栄社製本
Printed in Japan　　定価はカバーに表示してあります。
ISBN978-4-7696-1072-4　C0030